Sermões sobre
SOBERANIA

Sermões sobre SOBERANIA

de

Jonathan Edwards

Originally published in English under the title
Sovereignty Sermons of Jonathan Edwards, by Jonathan Edwards
© 2017 Hendrickson Publishers Marketing, LLC
Peabody, Massachusetts 01961-3473 U.S.A.

Coordenação editorial: Adolfo A. Hickmann
Tradução: Cláudio F. Chagas
Revisão: Dalila de Assis, J. Ricardo Morais, Marília Pessanha Lara, Lozane Winter
Projeto gráfico e capa: Audrey Novac Ribeiro
Diagramação: Audrey Novac Ribeiro

Dados Internacionais de Catalogação na Publicação (CIP)

Edwards, Jonathan, 1703-58.
Sermões sobre soberania
Tradução: Cláudio F. Chagas — Curitiba/PR, Publicações Pão Diário.
Título original: *Sovereignty Sermons of Jonathan Edwards*
1. Sermões   2. Soberania de Deus   3. Redenção   4. Bíblia

Proibida a reprodução total ou parcial sem prévia autorização, por escrito, da editora.
Todos os direitos reservados e protegidos pela Lei 9.610, de 19/02/1998.
Permissão para reprodução: permissao@paodiario.com

Exceto quando indicado o contrário, os trechos bíblicos mencionados são da edição Almeida Revista e Atualizada © 2009 Sociedade Bíblica do Brasil.

Publicações Pão Diário
Caixa Postal 4190,
82501-970 Curitiba/PR, Brasil
publicacoes@paodiario.org
www.publicacoespaodiario.com.br
Telefone: (41) 3257-4028

Código: UX306
ISBN: 978-65-5350-105-8

1.ª edição: 2023

Impresso na China

SUMÁRIO

Prefácio 9

Informação ao leitor quanto
   ao primeiro sermão 21

Deus é glorificado na dependência
   do homem 25

A soberania de Deus na salvação
   dos homens 51

Os perversos só são úteis para a
   sua própria destruição 85

Uma luz divina e sobrenatural............................117

Louvor, uma das principais
   ocupações do Céu 147

Prefácio: Sermão de despedida..........................173

Sermão de despedida 183

"A soberania de Deus é um dos Seus atributos e uma parte da Sua glória. A glória de Deus aparece eminentemente em Sua absoluta soberania sobre todas as criaturas, grandes e pequenas [...]. E, semelhantemente aos Seus outros atributos, a Sua soberania se manifesta ao ser exercida."

JONATHAN EDWARDS
(1703–58)

PREFÁCIO

O tipo de religião que Deus exige e aceitará não consiste em "desejos" débeis, tediosos e inertes — aquelas inclinações fracas que carecem de convicção — que nos elevam a apenas um pouco acima da indiferença. Em Sua Palavra, Deus insiste fortemente em que sejamos sinceros, fervorosos de espírito e que o nosso coração esteja comprometido vigorosamente com a nossa religião: "...sede fervorosos de espírito, servindo ao Senhor" (ROMANOS 12:11).[1]

—JONATHAN EDWARDS

JONATHAN EDWARDS é considerado um dos maiores teólogos dos EUA, um pensador e filósofo que compreendeu profeticamente o impacto que o pensamento iluminista e o esforço científico teriam no pensamento e na experiência cristã.

---

[1] Tradução livre de trecho selecionado do livro *A Treatise Concerning Religious Affections* (1746), de Jonathan Edwards.

SUA ÉPOCA

Edwards nasceu apenas 83 anos após o *Mayflower*[2] haver encontrado um porto seguro na baía de Plymouth, no lado oeste da baía de Cape Cod, em Massachusetts. Menos de metade dos 102 passageiros dessa famosa viagem eram separatistas ingleses — os que buscavam purificar a estabelecida Igreja Anglicana e, por seus esforços, foram perseguidos e expulsos da Inglaterra. Conhecidos como Puritanos, sua fé e seus valores foram codificados no *Pacto do Mayflower* e acabaram se tornando a base do código civil da Nova Inglaterra e a própria estrutura de sua sociedade e vida.

Dedique um momento para imaginar a época. Nos tempos de Jonathan Edwards, as colônias da América do Norte não eram unidas. De fato, estavam separadas por religião, política e países de origem. Cada colônia tinha seus próprios valores e leis distintos, sua própria população de imigrantes, sua própria indústria e comércio. A Nova Inglaterra era apenas isto: Nova *Inglaterra*. Eles eram ingleses com a intenção de criar uma comunidade piedosa em uma nova terra — o tipo de governo e sociedade indisponíveis para eles na Inglaterra.

Na época de Edwards, as colônias estavam fortemente ligadas à Europa, principalmente à Inglaterra, e tais laços foram testados repetidamente. Às vezes, esses laços eram fortemente controlados por tropas inglesas e governadores que pretendiam manter o domínio sobre as colônias e obter o máximo possível de receita para a Coroa. Em outros períodos, as

---

[2] Navio que transportou um grupo de famílias inglesas, os peregrinos, para o Novo Mundo (EUA), em 1620.

colônias pareciam ser deixadas à própria sorte, para estabelecer seu próprio governo e tomar suas próprias decisões.

Em 1700, a população europeia de todas as colônias norte-americanas era de 250 mil habitantes; 91 mil viviam na Nova Inglaterra. Em 1775, a população das colônias havia aumentado para 2,5 milhões de pessoas. Durante a vida de Edwards, as colônias experimentaram um considerável crescimento com todas as pressões e dificuldades a ele inerentes, particularmente na Nova Inglaterra, onde tudo — seus valores, suas leis, sua própria sociedade — era definido e projetado à luz do cristianismo puritano.

Eis de novo a palavra *puritano*. Atualmente ela é distorcida, tendo passado a referir-se, em grande parte, a condutas em relação à prática sexual que deveriam ser, na verdade, creditadas aos vitorianos. Os valores puritanos diziam respeito a famílias fortes, comportamento ético e moral e uma forte ética de trabalho; suas leis codificavam a conduta esperada de um povo piedoso. Embora possa, pelo menos durante algum tempo, influenciar o comportamento, a lei é incapaz de garantir que o coração dos cidadãos seja justo. Não era diferente na Nova Inglaterra.

A colônia de Massachusetts presumia que todos os colonos eram ou deveriam ser cristãos protestantes. Na verdade, ela insistia nisso, proibindo imigrantes católicos romanos ou que não pertencessem ao aprisco. Particularmente no início, boa parte dos primeiros colonizadores foi para lá a fim de escapar de perseguição religiosa. Sua fé era vital e pessoal. Afinal, a fé nominal é inimaginável em uma igreja perseguida. Porém, nos primeiros cem anos da colônia — na época em que Edwards estava pronto para iniciar seu ministério —, os

Puritanos não eram mais a igreja perseguida. Em vez disso, tornaram-se a igreja estabelecida, com todos os benefícios decorrentes, incluindo poder e as receitas de impostos sendo coletadas para sustentar a igreja. E, em uma igreja estabelecida, a fé nominal se torna a norma.

Edwards enfrentou uma geração abastada e feliz, com seus negócios florescentes e uma vida relativamente pacífica. Era uma geração repleta de apatia, materialismo e mundanismo, cuja vida espiritual estava longe da fé vibrante dos colonos que haviam partido da Inglaterra apenas duas gerações antes. Confrontar essa apatia espiritual se tornaria o motivo dos esforços de Edwards.

SUA INFÂNCIA

Jonathan Edwards nasceu em East Windsor, Connecticut, o quinto de 11 filhos e o único filho homem — filho e neto de pastores congregacionais. Ele era um ótimo estudante, fluente em hebraico, grego e latim desde os 13 anos. Era também talentoso em ciências naturais e metodologia científica, além de filosofia. Ele entrou na *Collegiate School of Connecticut* (mais tarde, *Yale*), em 1716, para continuar sua educação formal e se formou como primeiro da classe, em 1720. Imediatamente a seguir, começou seus estudos de teologia. Ele serviu durante um curto período como pastor de uma igreja presbiteriana na cidade de Nova Iorque e depois voltou para *Yale*, em 1724, para tornar-se tutor sênior.

Em 1726, Edwards aceitou um convite da igreja congregacional em Northampton, Massachusetts, para servir como pastor auxiliar de seu avô, Solomon Stoddard. Stoddard era um clérigo altamente respeitado, amado por seus fiéis e respeitado pelos nativos americanos. Edwards serviria nessa igreja durante vinte e três anos, até muito depois da morte de seu avô, em 1729.

SUA VIDA FAMILIAR

Em 1727, Jonathan Edwards desposou Sarah Pierrepont, uma jovem que ele conhecera quando estudava teologia em *Yale*. O casamento deles era notável para os padrões de qualquer época. Edwards adorava sua esposa Sarah, a quem chamava "minha querida companheira". Juntos, eles criaram um lar amoroso e uma família próspera, um porto seguro onde Edwards conseguia estudar e trabalhar. Sarah o complementava. Ela era prática e socialmente hábil, enquanto ele era distraído e intelectual. O casamento deles era repleto de companheirismo, conversas animadas e alegria. Edwards e Sarah eram mutuamente atenciosos e disponíveis; acalentavam um ao outro, gostavam um do outro e valorizavam um ao outro.

Como tudo que fazia, Edwards era intencional acerca de sua vida familiar. Edwards e Sarah tiveram 11 filhos, que viveram até a idade adulta. Ele dava prioridade à família, passando com os filhos a hora que precedia o jantar rotineiramente, todas as noites. Quando viajava, Edwards levava consigo um dos filhos. Frequentemente, à tarde, Edwards e Sarah andavam a cavalo, momento em que as tarefas e responsabilidades não interrompiam a conversa. Cada um deles reconhecia que sua família e seu relacionamento eram dignos da mesma atenção dada ao estudo ou ao trabalho.

SEU MINISTÉRIO

Jonathan Edwards está inseparavelmente ligado ao avivamento espiritual denominado "Grande Despertamento", pois foi sob a sua pregação em Northampton, Massachusetts, que o Despertamento chegou em 1734. Edwards havia sucedido seu avô Solomon Stoddard como pastor da Igreja Congregacional em Northampton. O próprio Stoddard foi um grande avivalista, pregando em cinco avivamentos sucessivos. Porém, ao assumir o púlpito em 1729, Edwards descobriu que as pessoas eram "muito insensíveis às coisas da religião" — sua fé era seca, insípida e impotente.

Há uma espécie de ironia nessa história. Uma das razões para a grande popularidade de Stoddard é ele ter abrandado os requisitos para filiação à igreja: em vez de prova de conversão, ele abriu os sacramentos a todos, exceto às pessoas cuja vida era abertamente escandalosa. Na prática, essa "aceitação geral" eliminou a necessidade de uma experiência espiritual pessoal com Jesus Cristo. Embora pudesse ser argumentada como necessária a uma sociedade que se definia somente em termos cristãos, tal política acabou servindo para afastar as pessoas da fé, ao invés de as aproximar dela.

Por outro lado, por experiência pessoal e por seus estudos, Edwards tinha uma compreensão íntima de que era possível tornar Deus conhecido deles e que a verdadeira "religião" seria encontrada somente por meio de um relacionamento pessoal com o Senhor. Edwards começou a pregar e, embora isto tenha demorado vários anos, ele começou a ver transformações em 1733. Em 1734, pregou uma série de sermões acerca da justificação pela fé e, no final do referido ano, a centelha havia sido acesa em Northampton.

O avivamento já vinha ocorrendo em Nova Jersey, pela ação de Deus e pelos esforços de Theodore Frelinghuysen e Gilbert Tennent, incentivando as pessoas a saírem de sua letargia espiritual. A mensagem de avivamento era: "A moralidade exterior não é suficiente para a salvação. É necessária uma transformação interior". Atualmente, essa mensagem é muito comum aos ouvidos protestantes norte-americanos, mas, no século 17, era uma palavra nova para as pessoas que dependiam de sua moralidade, de suas ações exteriores e de sua conformação ao comportamento "cristão" para garantir seu lugar no reino de Deus.

O avivamento tomou força em Northampton, espalhando-se por toda a região e até mesmo em Connecticut, a província vizinha. Edwards continuou sua pregação, e Deus continuou abençoando. Em 1740, o Despertamento explodiu por meio da atuação do anglicano George Whitefield, que veio a Boston para sua segunda visita às colônias; dessa vez, uma viagem evangelística de seis semanas pela Nova Inglaterra. Edwards ainda permanecia como figura central, mas Whitefield se tornou o instrumento de expansão, trazendo o avivamento mais generalizado que as colônias já haviam vivenciado.

Em 1750, a proeminência pública do Despertamento havia diminuído. Nesse mesmo ano, após 23 anos de pastorado, a igreja de Northampton exonerou Edwards do cargo. O motivo? Ele queria mudar a política de "aceitação geral" aos sacramentos, iniciada por seu avô. A insistência de Edwards em que "somente pessoas que haviam feito uma profissão de fé poderiam ser admitidas à Ceia do Senhor" enfureceu seus paroquianos, e ele foi convidado a se retirar.

Após alguns escassos meses de desemprego, Edwards encontrou um novo trabalho notável: ser pastor de colonos e missionário entre os índios em Stockbridge, um trabalho iniciado por David Brainerd na fronteira oeste de Massachusetts. Em 1757, ele foi eleito presidente do *College of New Jersey* (Princeton) e, posteriormente, mudou-se para iniciar seu trabalho lá, deixando Sarah em Stockbridge a fim de terminar de embalar a mudança. Poucos meses depois de chegar ao seu novo posto, irrompeu-se uma epidemia de varíola, e Edwards decidiu receber a nova (e arriscada) vacina contra a doença. Pouco tempo depois, em 22 de março de 1758, morreu por conta de complicações decorrentes da vacina. Suas últimas palavras em uma mensagem à sua amada Sarah foram:

> *Diga à minha querida esposa que eu a amo muito e que a união incomum que subsistiu entre nós, durante tanto tempo, foi de uma natureza que eu creio ser espiritual e, portanto, continuará eternamente.*

SEU LEGADO

Embora fortemente associado ao "Grande Despertamento"[3], o legado de Edwards excede em muito o alcance dessa extraordinária obra da graça de Deus nos Estados Unidos. Foi Jonathan Edwards quem lutou, à luz do ensino bíblico e

---

[3] Ocorrido entre 1730 e 1740, no vilarejo de Northampton, Massachusetts (na época uma das 13 colônias inglesas na América do Norte).

da experiência cristã, com as novas questões da descoberta científica, o Iluminismo e a era da razão. Foi Edwards quem enfrentou o emergente clima de racionalismo humanista contra o ensino do Deus pessoal e amoroso. Foi Edwards quem desenvolveu os temas singularmente norte-americanos de uma nação redentora e um povo da aliança, tema que ainda hoje ecoa na mente dos desse povo. Foi Edwards quem abordou o problema da morte espiritual, reconhecendo a necessidade de uma experiência religiosa pessoal e de abraçar a obra sobrenatural do Espírito Santo para despertar e iluminar o coração.

Edwards deixou um legado extraordinário. Ele registrou suas observações do "Grande Despertamento" em várias obras, incluindo *A surpreendente obra de Deus* (1736 – Ed. Shedd, 2017), *A verdadeira obra do Espírito* (1741 – Ed. Vida Nova, 2010) e *Alguns pensamentos sobre o atual reavivamento da religião na Nova Inglaterra* (1742).

Em 1746, ele escreveu seu livro mais famoso: *Afeições religiosas* (Ed. Vida Nova, 2018). Nele, Edwards examina a importância das "afeições" religiosas ou das paixões que "são a mola que põe o ser humano em ação", argumentando persuasivamente que a verdadeira religião reside no coração, o lar das afeições, emoções e inclinações. Durante seu tempo em Stockbridge, Edwards terminou de escrever *A liberdade da vontade e a natureza da verdadeira virtude* e iniciou sua grande *História da obra de redenção*, que ficou inacabada.

E, é claro, Edwards deixou seus sermões. Muito provavelmente, seu sermão mais lembrado seja "Pecadores nas mãos de um Deus irado" (incluído nesta coletânea), frequentemente usado como exemplo da obsessão dos puritanos quanto à condenação eterna e por um Deus colérico. Na verdade, ele é uma chamada ao arrependimento, feita a um público que não nutria a aversão e as dúvidas deste século acerca da realidade do juízo final decretado por Deus. Entretanto, de fato, esse sermão é atípico da pregação de Edwards. Ele falava com mais frequência sobre o amor de Deus e das alegrias da vida cristã do que acerca do fogo do inferno.

A pregação de Edwards refletia duas de suas crenças fundamentais. A primeira: Deus é o centro de toda experiência religiosa — não a humanidade, a razão ou a moralidade. Conforme observado por certo escritor: "semelhantemente à sua teologia, o universo de Edwards é implacavelmente centrado em Deus". A segunda: conhecer a Deus não é meramente um entendimento racional — assentimento intelectual às crenças específicas —, e sim um conhecimento sensato — experimentado, percebido. Assim como o sabor da doçura é diferente da compreensão da doçura, de igual forma um cristão não apenas crê que Deus é glorioso, mas também reconhece a glória de Deus em seu coração.

Esta coletânea é uma excelente amostra dos sermões de Edwards durante seu tempo em Northampton e Stockbridge. Alguns são sermões de avivamento, rogando por arrependimento e correção de vida; outros, pastorais; alguns, instrucionais; e outros, escritos para ocasiões específicas. Porém, cada um é um convite brilhante e pessoal para conhecer a Deus por meio do nosso intelecto e por meio das nossas afeições. Trata-se de sermões que desafiam a mente, mas também, e talvez mais importante que isso, compelem-nos a abrir o coração para o doce amor e a alegria disponíveis para nós em nossa vida em Cristo.

Ouso dizer que ninguém jamais foi transformado, seja por doutrina, por ouvir a Palavra ou pela pregação e ensino de outros, sem que as suas afeições tenham sido comovidas por estas coisas. Ninguém busca sua salvação, ninguém clama por sabedoria, ninguém luta com Deus, ninguém se ajoelha em oração tampouco foge do pecado se seu coração permanece inalterado. Resumindo, jamais se realizou nada significativo, pelas coisas da religião, sem um coração profundamente afetado por tais coisas.[4]

—JONATHAN EDWARDS

---

[4] Tradução livre de trecho selecionado do livro *A Treatise Concerning Religious Affections* (1746), de Jonathan Edwards.

INFORMAÇÃO AO LEITOR QUANTO AO PRIMEIRO SERMÃO[5]

NÃO FOI COM POUCA dificuldade que o autor teve que vencer sua juventude e sua modéstia para aparecer como pregador em nossa prédica pública e, depois, dar-nos uma cópia de seu discurso, a pedido de diversos ministros e outras pessoas que o ouviram. Porém, como rapidamente descobrimos nele um obreiro que não tem de que se envergonhar diante de seus irmãos (VEJA 2 TIMÓTEO 2:15), nossa satisfação foi maior ao vê-lo lançar-se sobre um assunto tão nobre e tratá-lo com tanto poder e clareza, como o leitor criterioso perceberá na composição a seguir; um tema que confere a Deus Seu grande desígnio na obra da redenção do homem caído por meio do Senhor Jesus Cristo, perceptivelmente explicada de maneira que toda a glória retorne a Ele, o bendito ordenador, comprador e executor. Um tema que penetra tão profundamente

---

[5] Esta nota foi publicada como um prefácio para "Deus é glorificado na dependência do homem" (apresentado a seguir). Aos 28 anos, Jonathan Edwards pregou esse sermão como uma Palestra Pública em Boston, no dia 8 de julho de 1731. Depois, ele foi publicado "a pedido de vários ministros e outras pessoas de Boston que o ouviram", tornando-se a primeira publicação de Edwards.

na religião prática que, se não houver crença real nele, essa logo morrerá no coração e na vida dos homens.

Afinal, a percepção que temos de nossa dependência do Deus soberano para todo o bem que desejamos dá a escala do valor que atribuímos a Ele, da nossa confiança nele, do nosso medo de ofendê-lo e do nosso cuidado em agradá-lo; da mesma forma, nossa gratidão e nosso amor, nosso deleite e louvor são proporcionais à nossa experiência consciente de Seus benefícios gratuitos.

Em suma, apreender e reconhecer que todas as nossas fontes estão em Deus é o próprio âmago da piedade: as fontes de nossa presente graça e consolação e de nossa futura glória e bem-aventurança; e que tudo isso flui inteiramente por meio de Cristo, pela eficaz influência do Espírito Santo. Por meio dessas coisas, os santos vivem; e, em todas elas, está a vida do nosso espírito.

De doutrinas como essas (que, pela humilhação da mente dos homens, os preparam para a exaltação de Deus), Edwards notavelmente se apossou e prosperou no mundo reformado, e especialmente em nossa terra, no tempo de nossos antepassados. Esperamos que elas nunca cessem de estar em voga entre nós, porque estamos bem certos de que, se, algum dia, aquelas a que chamamos "doutrinas da graça" vierem a ser desprezadas ou desacreditadas, a piedade vital definhará e se desgastará proporcionalmente, uma vez que tais doutrinas sempre perdem a estima dos homens com a decadência da religião séria.

Não podemos, portanto, fazer outra coisa senão expressar nossa alegria e gratidão pelo grande Cabeça da Igreja ainda se agradar em levantar dentre os filhos de Seu povo, para o suprimento de Suas igrejas, aqueles que afirmam e guardam esses princípios evangélicos; e pelas nossas igrejas (a despeito de toda a sua degeneração) ainda valorizarem fortemente tais princípios e quem publicamente os confessa e ensina.

E, como não podemos fazer outra coisa senão desejar e orar para que a escola superior da colônia vizinha (assim como a nossa) seja uma fecunda mãe de muitos filhos como o autor, estando ao cuidado de seu atual digno reitor pela bênção do Céu, nós, então, regozijamo-nos de coração no favor especial da Providência em conceder tão rica dádiva à feliz igreja de Northampton. Esta, durante tantos anos, floresceu sob a influência de tais doutrinas piedosas e ensinou--as no excelente ministério de seu falecido venerável pastor, cujo dom e espírito esperamos que vivam e brilhem no atual pastor, seu neto, para que abundem ainda mais em todos os belos frutos de humildade e gratidão evangélica, para glória de Deus.

À Sua bênção entregamos, com esta dissertação, todos eles e todos os que a leem.

Seus servos no evangelho,
T. Prince e W. Cooper
Boston, 17 de agosto de 1731

DEUS É GLORIFICADO NA DEPENDÊNCIA DO HOMEM[6]

...a fim de que ninguém se vanglorie na presença de Deus. Mas vós sois dele, em Cristo Jesus, o qual se nos tornou, da parte de Deus, sabedoria, e justiça, e santificação, e redenção, para que, como está escrito: Aquele que se gloria, glorie-se no Senhor. 1 CORÍNTIOS 1:29-31

Os cristãos a quem o apóstolo dirigiu essa epístola viviam em uma parte do mundo onde a sabedoria humana era muito conceituada, como o apóstolo observa no versículo 22 de 1 Coríntios 1 — "os gregos

---

[6] Ministrado na prédica pública em Boston, no dia 8 de julho de 1731 (veja "Informação ao leitor quanto ao primeiro sermão", p. 21).

buscam sabedoria". Corinto não ficava longe de Atenas, que, durante muitos anos, havia sido a mais famosa sede da filosofia e do ensino no mundo. Por isso, o apóstolo lhes diz como, pelo evangelho, Deus destruiu e reduziu a nada a sabedoria deles. Apesar de toda a sua sabedoria, os gregos eruditos e seus grandes filósofos não conheciam a Deus, não eram capazes de descobrir a verdade nas coisas divinas. Porém, após terem feito, em vão, seu máximo, agradou a Deus finalmente revelar-se pelo evangelho que eles consideravam tolice.

Deus escolheu as coisas loucas do mundo para envergonhar os sábios e escolheu as coisas fracas do mundo para envergonhar as fortes; e Deus escolheu as coisas humildes do mundo, e as desprezadas, e aquelas que não são, para reduzir a nada as que são.
(1 CORÍNTIOS 1:27-28)

E, em nosso texto básico, o apóstolo lhes informa por que Ele as escolheu: "a fim de que ninguém se vanglorie na presença de Deus". Nessas palavras, podemos observar:

Primeiro, o que Deus visa no caráter das coisas referentes à redenção, a saber, que o homem não deve se gloriar em si mesmo, mas somente em Deus; "a fim de que ninguém se vanglorie na presença de Deus [...] para que, como está escrito: Aquele que se gloria, glorie-se no Senhor".

Segundo, como esse fim é alcançado na obra da redenção, a saber, pela absoluta e imediata dependência que os homens têm de Deus nessa obra, para todo o seu bem. Na medida em que:

a) *Todo o bem que eles têm está em e é por meio de Cristo; Ele se torna para nós sabedoria, justiça, santificação e redenção.* Todo o bem da criatura caída e redimida se refere a essas quatro coisas e não pode ser mais bem distribuído do que nelas. Porém, Cristo é cada uma delas para nós, e não temos nenhuma delas senão nele. *Ele se nos tornou, da parte de Deus, sabedoria:* nele estão todo o bem adequado e a verdadeira excelência do entendimento. A sabedoria era algo que os gregos admiravam, mas Cristo é a verdadeira Luz do mundo. Somente por meio dele a verdadeira sabedoria é transmitida à mente. É em e por Cristo que temos *justiça*: é por estar nele que somos justificados, temos nossos pecados perdoados e somos recebidos como justos ao favor de Deus. É por Cristo que temos a *santificação*: temos nele a verdadeira excelência de coração, bem como de entendimento. E Ele se tornou a nós justiça, tanto inerente quanto imputada. É por Cristo que temos a *redenção*, ou a real libertação de todo sofrimento e a concessão de toda felicidade e glória. Assim, temos todo o nosso bem por Cristo, que é Deus.

b) *Outro exemplo em que aparece a nossa dependência de Deus para todo o nosso bem é:* foi Deus quem nos deu Cristo, para que, por meio dele, possamos ter tais benefícios. Ele se tornou para nós, da parte de Deus, sabedoria, justiça etc.

c) *É por meio de Deus que estamos em Cristo Jesus e passamos a ter parte nele – e, assim, recebemos as bênçãos que Ele se nos tornou.* É o Senhor quem nos dá a fé pela qual nos aproximamos de Cristo.

De modo que, no referido versículo, é demonstrada a nossa dependência de cada pessoa da Trindade para todo o nosso bem. Nós dependemos de Cristo, o Filho de Deus, porque Ele é nossa sabedoria, justiça, santificação e redenção. Dependemos do Pai, que nos deu Cristo e o fez ser essas coisas para nós. Dependemos do Espírito Santo, porque é *dele o estarmos em Cristo Jesus*. O Espírito de Deus é quem concede a fé em Cristo, por meio da qual o recebemos e nos aproximamos dele.

DOUTRINA

"Na obra da redenção, Deus é glorificado nisto: em aparecer nela, por parte dos remidos, uma dependência tão absoluta e universal dele." Aqui, proponho mostrar, em primeiro lugar, a existência de uma dependência absoluta e universal de Deus por parte dos remidos para todo o seu bem. E, em segundo, que, na obra da redenção, Deus é exaltado e glorificado por essa dependência.

1. Há uma dependência absoluta e universal de Deus por parte dos remidos.

A natureza e a inventividade de nossa redenção são tais que os remidos são, em tudo, direta, imediata e inteiramente dependentes de Deus; eles dependem dele para tudo e de todas as maneiras.

As várias maneiras pelas quais um ser pode depender de outro para o seu bem, e pelas quais os remidos de Jesus Cristo dependem de Deus para todo o seu bem, são: que todo o seu bem vem dele, que eles têm tudo por meio dele e que eles têm tudo nele. Deus é a causa e origem de onde vem todo o bem deles — esse bem é *dele*. Ele é o *meio* pelo qual esse bem é obtido e transmitido — eles o têm *por* Ele. E Ele é o próprio bem concedido e transmitido — esse bem está *nele*. Ora, os remidos por Jesus Cristo dependem, em todos esses aspectos, muito direta e inteiramente de Deus para tudo.

a) *Todo o bem dos remidos vem* de *Deus*. Deus é o seu grande *autor*. Ele é a sua *primeira* causa, e não apenas isso, mas Ele é a *única* causa adequada. É de Deus que vem o nosso Redentor. Foi Deus quem providenciou um Salvador para nós. Jesus Cristo não é somente de Deus em Sua pessoa, por ser o Filho unigênito de Deus: Ele provém de Deus, no que nos diz respeito quanto a Ele e ao Seu ofício de Mediador. Ele é a dádiva de Deus para nós: Deus o escolheu e ungiu, designou-lhe Sua obra e o enviou ao mundo. E, assim como é Deus quem *concede*, é Deus quem *aceita* o Salvador. Ele dá ao comprador e concede a coisa comprada.

É de Deus que Cristo se torna nosso, que nós somos levados a Ele e unidos a Ele. É de Deus que recebemos fé para nos aproximar dele, para podermos ter parte nele. "Porque pela graça sois salvos, mediante a fé; e isto não vem de vós; é dom de Deus" (EF 2:8). É de Deus que, de fato, recebemos todos os benefícios comprados por Cristo. É Deus quem perdoa, justifica e livra de ir para o inferno, e em Seu favor os remidos são recebidos quando são justificados. Portanto, é Deus quem liberta do domínio do pecado, limpa-nos de nossa imundície e nos transforma de nossa deformidade. É de Deus que os remidos recebem toda a sua verdadeira excelência, sabedoria e santidade, e isso de duas maneiras, a saber: porque o Espírito Santo, por meio de quem essas coisas são imediatamente operadas, é de Deus, procede dele e é enviado por Ele; também porque o próprio Espírito Santo é Deus e, por Seu agir e habitação, o conhecimento de Deus e das coisas divinas, uma santa inclinação e toda a graça são conferidos e mantidos. E, embora sejam usados meios para conferir graça à alma dos homens, é de Deus que temos esses meios da graça e é Ele que os torna eficazes. É de Deus que temos as Sagradas Escrituras. Elas são a Sua Palavra. É de Deus que temos ordenanças, e sua eficácia depende da influência imediata do Seu Espírito. Os ministros do evangelho são enviados de Deus e toda a sua suficiência vem do Senhor. "Temos, porém, este tesouro em vasos de barro, para que a excelência do poder seja de Deus e não de nós" (2CO 4:7). O sucesso deles depende total e absolutamente da bênção e influência imediatas de Deus.

Primeiro, os remidos têm tudo pela GRAÇA de Deus. Foi por mera graça que Deus nos deu Seu Filho unigênito. A graça é grande em proporção à excelência daquilo que é concedido. A dádiva foi infinitamente preciosa, visto que foi de uma pessoa infinitamente digna, uma pessoa de infinita glória, e também porque foi de uma pessoa infinitamente próxima e amada por Deus. A graça é grande em proporção ao benefício que obtivemos nele. O benefício é duplamente infinito, no sentido de que nele nós temos libertação de um sofrimento infinito e eterno, bem como recebemos alegria e glória eternas. A graça em conceder esse dom é grande em proporção à nossa indignidade a quem foi concedido; em vez de tamanha dádiva, merecíamos um infinito mal das mãos de

Deus. A graça é grande quanto à maneira de dar, ou em proporção à humilhação e custo do método e dos meios pelos quais é criada uma maneira de obtermos a dádiva. Deus nos deu Cristo para habitar entre nós. Ele o deu a nós encarnado, ou em nossa natureza e semelhança, embora sem as fraquezas do pecado. Ele o deu a nós em um estado humilde e aflito, e não apenas assim, mas "como tendo sido morto" (AP 5:6), para que pudesse ser um banquete para a nossa alma.

A graça de Deus em conceder tal dádiva é totalmente gratuita. Ela foi o que Deus não tinha qualquer obrigação de conceder. Ele poderia ter rejeitado o homem caído, como fez com os anjos caídos. Ela foi o que nós nunca fizemos coisa alguma para merecer. Foi dada quando ainda éramos inimigos e antes mesmo de nos arrependermos. Ela foi do amor de Deus, que não via em nós excelência alguma para atraí-la. Foi sem expectativa de jamais ser recompensado por ela. E é por mera graça que os benefícios de Cristo são aplicados a tais pessoas em particular. Quem é chamado e santificado deve atribuir isso unicamente ao beneplácito da bondade de Deus, pela qual eles são distinguidos. Ele é soberano e tem misericórdia de quem Ele quer ter misericórdia.

O homem depende mais da graça de Deus agora do que antes da queda. Ele depende da bondade gratuita de Deus para muito mais do que outrora dependia. Naquele tempo, ele dependia da bondade de Deus para conferir a recompensa da obediência perfeita, porque Deus não era obrigado a prometer e conceder tal recompensa. Agora, porém, nós dependemos da graça de Deus para muito mais. Necessitamos de graça não apenas para nos conceder glória, mas para nos livrar do inferno e da ira eterna. Sob a primeira aliança, dependíamos da bondade de Deus para nos dar a recompensa pela justiça. Agora também é assim, contudo necessitamos da livre e soberana graça de Deus para nos dar essa justiça, para perdoar nossos pecados e nos libertar da culpa e do infinito demérito deles.

E, como dependemos mais da bondade de Deus agora do que quando sob a primeira aliança, dependemos de uma bondade muito maior, mais gratuita e maravilhosa. Agora, somos mais dependentes do arbitrário e soberano beneplácito de Deus. Em nosso primeiro estado, dependíamos de Deus para a santidade. Recebíamos dele a nossa justiça original, mas a santidade não era concedida então da maneira de soberano beneplácito como é agora. O homem fora criado santo, porque era adequado a Deus criar santas todas as Suas criaturas racionais. Teria sido uma depreciação à santidade da natureza de Deus haver criado profana uma criatura inteligente. Agora, porém, quando o homem caído é santificado, é por mera e arbitrária graça. Se for do Seu agrado, Deus poderá negar eternamente a santidade à criatura caída, sem qualquer depreciação de qualquer de Suas perfeições.

E não somos apenas mais dependentes da graça de Deus de fato, mas nossa dependência é muito mais evidente porque nossas próprias insuficiência e incapacidade em nós mesmos são muito mais aparentes em nosso estado caído e destruído do que eram antes de sermos pecadores ou miseráveis. Somos mais evidentemente dependentes de Deus para a santidade, visto que somos inicialmente pecadores e totalmente impuros, e só depois, santos. Por isso, a produção do efeito é perceptível e sua derivação de Deus, mais óbvia. Se o homem sempre tivesse sido santo, não seria tão evidente que ele não tivesse necessariamente a santidade como um qualificativo inseparável da natureza humana. Assim, dependemos mais evidentemente da livre graça para obter o favor de Deus por primeiramente sermos, de forma justa, os objetos de Seu desagrado e, depois disso, sermos recebidos em Seu favor. Dependemos mais evidentemente de Deus para ter felicidade, sendo antes miseráveis, depois felizes. A graça é evidentemente mais livre e sem mérito em nós porque, de fato, somos desprovidos de qualquer tipo de excelência para merecê-la, se é que poderia haver algo como mérito na excelência da criatura. E não apenas somos desprovidos de qualquer verdadeira excelência, como também estamos repletos e totalmente corrompidos pelo que é infinitamente odioso. Todo o nosso bem provém mais evidentemente de Deus, pois, primeiro, somos nus e totalmente desprovidos de qualquer bem, e depois, enriquecidos com todo tipo de bem.

Segundo, recebemos tudo do PODER de Deus. Frequentemente, a redenção do homem é mencionada como uma obra de maravilhoso poder e também de graça. O grande poder de Deus aparece em tirar o pecador de seu estado inferior, das profundezas do pecado e da miséria, e levá-lo a um estado tão elevado de santidade e felicidade.

...e qual é a suprema grandeza do seu poder sobre nós, os que cremos, segundo a eficácia da força do seu poder.
(EFÉSIOS 1:19 NAA)

Dependemos do poder de Deus ao longo de todas as etapas da nossa redenção. Dependemos do poder de Deus para nos converter, conceder a fé em Jesus Cristo e a nova natureza.

É uma obra de criação:

...se alguém está em Cristo, é nova criatura...
(2 CORÍNTIOS 5:17)

...somos [...] criados em Cristo Jesus... (EFÉSIOS 2:10)

A criatura caída só atinge a verdadeira santidade por meio de nova criação.

...e vos revistais do novo homem, criado segundo Deus, em justiça e retidão procedentes da verdade. (EFÉSIOS 4:24)

É um ressurgir dos mortos.

...no qual igualmente fostes ressuscitados mediante a fé no poder de Deus que o ressuscitou dentre os mortos.
(COLOSSENSES 2:12)

Sim, ela é uma obra de poder mais gloriosa do que a mera criação, ou a ressurreição de um corpo morto, no sentido de que o efeito obtido é maior e mais excelente. Aquele feliz ser santo e a vida espiritual, produzidos na obra de conversão, são um efeito muito maior e mais glorioso do que o mero ser e a vida. E o estado a partir do qual — uma morte em pecado, uma corrupção total da natureza e profunda miséria — a transformação é realizada, é muito mais distante do estado alcançado do que a mera morte ou não-existência.

É também pelo poder de Deus que somos preservados em um estado de graça. "...sois guardados pelo poder de Deus, mediante a fé, para a salvação" (1PE 1:5). Uma vez que a graça provém primeiramente de Deus, ela provém continuamente dele e é mantida por Ele, assim como a luz da atmosfera emana do Sol o dia todo, bem como ao amanhecer ou nascer do Sol. Os homens dependem do poder de Deus para todo exercício da graça e para levar adiante no coração a obra de subjugar o pecado e a corrupção, ampliar os princípios sagrados e possibilitar a frutificação em boas obras. O homem depende do poder divino para levar a graça à sua perfeição, para tornar a alma totalmente afável à gloriosa semelhança de Cristo, para preenchê-la com alegria e bem-aventurança que satisfazem e para a elevação do corpo à vida, e a um estado tão perfeito, a fim de que seja adequado como habitação e órgão para uma alma tão aperfeiçoada e bendita. Esses são os efeitos mais gloriosos do poder de Deus observados na série de atos de Deus no tocante às criaturas.

O homem dependia do poder de Deus em seu primeiro estado, mas depende mais de Seu poder agora. Ele necessita do poder de Deus para fazer mais coisas por ele e depende de um exercício mais maravilhoso de Seu poder. Foi um efeito do poder de Deus santificar o homem no início, porém mais notavelmente agora, por haver muita oposição e dificuldade em seu caminho. Poder tornar tão santo aquele que era tão depravado e dominado pelo pecado é um efeito mais glorioso deste poder do que conferir santidade àquilo que antes nada tinha do contrário. Resgatar uma alma das mãos do diabo e dos poderes das trevas e levá-la a um estado de salvação é uma obra deste poder mais gloriosa do que conferir santidade onde não havia impedimento ou oposição.

> *Quando o valente, bem armado, guarda a sua própria casa, ficam em segurança todos os seus bens. Sobrevindo, porém, um mais valente do que ele, vence-o, tira-lhe a armadura em que confiava e lhe divide os despojos.*
> (LUCAS 11:21-22)

Assim, havendo tanto pecado remanescente no coração que resiste e Satanás se opondo com todo o seu poder, sustentar uma alma em um estado de graça e santidade e conduzi-la até ser levada à glória é uma obra de poder mais gloriosa do que haveria sido impedir o homem de cair inicialmente, quando Satanás nada tinha no homem.

Dessa forma, mostramos como os remidos dependem de Deus para todo o seu bem, porque tudo que têm é dele.

b) *Eles também dependem de Deus para tudo, porque têm tudo por meio dele.* Deus é o seu meio, assim como seu autor e sua fonte. Tudo que temos — sabedoria, perdão de pecados, livramento do inferno, aceitação no favor de Deus, graça e santidade, verdadeiro conforto e felicidade, vida e glória eternas — vem de Deus por um Mediador, e esse Mediador é Deus. Desse Mediador temos absoluta dependência, como Aquele por meio de quem recebemos tudo. De modo que há uma segunda maneira pela qual dependemos de Deus para todo o bem. Deus não apenas nos dá o Mediador e aceita a Sua mediação, e por Seu poder e graça concede as coisas compradas pelo Mediador; mas ele, o Mediador, é o próprio Deus.

Nossas bênçãos são o que temos por aquisição, e tal aquisição é feita em Deus; as bênçãos são adquiridas dele e Deus concede o que se adquire. Não apenas isso, mas Deus é quem adquire. Sim, Deus é quem adquire e o preço, porque Cristo, que é Deus, adquiriu essas bênçãos para nós oferecendo-se como preço da nossa salvação. Ele comprou a vida eterna com o sacrifício de si mesmo. A Bíblia diz que "...a si mesmo se ofereceu" (HB 7:27) e que "...se manifestou uma vez por todas, para aniquilar, pelo sacrifício de si mesmo, o pecado" (HB 9:26). De fato, a natureza humana é que foi oferecida, mas era a mesma pessoa com o divino e, portanto, era um preço infinito.

Visto que assim temos nosso bem por meio de Deus, dependemos dele em um aspecto que o homem em seu primeiro estado não dependia. Então, o homem deveria ter vida eterna por meio de sua própria justiça, de modo que dependia parcialmente do que estava em si mesmo, pois dependemos daquilo por meio do qual temos o nosso bem tanto quanto daquilo de onde o obtemos. Embora a justiça do homem, da qual ele então dependia, fosse, de fato, de Deus, ainda assim era sua; era inerente a ele mesmo, de modo que ele não dependia tão *urgentemente* de Deus. Agora, porém, a justiça da qual dependemos não está em nós mesmos, e sim em Deus. Somos salvos pela justiça de Cristo: Ele se nos tornou justiça (VEJA 1 CORÍNTIOS 1:30) e assim é profetizado, em Jeremias, pelo nome "...SENHOR, Justiça Nossa" (JR 23:6). Porque a justiça pela qual somos justificados é a justiça de Cristo, é a justiça de Deus: "...para que, nele, fôssemos feitos justiça de Deus" (2CO 5:21).

Assim, na redenção, temos não apenas tudo *de* Deus, mas *por* Ele e *por meio* dele.

...para nós há um só Deus, o Pai, de quem são todas as coisas e para quem existimos; e um só Senhor, Jesus Cristo, pelo qual são todas as coisas, e nós também, por ele. (1 CORÍNTIOS 8:6)

c) *Os remidos têm todo o seu bem em Deus.* Não só o temos dele e por meio dele, mas o bem consiste nele. Ele é todo o nosso bem.

O bem dos remidos é objetivo e inerente. Por seu bem objetivo quero dizer aquele objeto extrínseco por cuja posse e deleite eles são felizes. Seu bem inerente é a excelência ou o prazer que está na própria alma. No tocante a ambos, os remidos têm todo o seu bem em Deus ou, o que é o mesmo, o próprio Deus é todo o seu bem.

Primeiro, os remidos têm todo o seu bem OBJETIVO em Deus. O próprio Deus é o grande bem que eles passam a possuir e desfrutar por meio da redenção. Ele é o bem supremo e a soma de todo o bem que Cristo comprou. Deus é a herança dos santos. Ele é a porção de sua alma. Deus é sua riqueza e seu tesouro, seu alimento, sua Vida, sua morada, seu ornamento e diadema e sua eterna honra e glória. Eles nada têm no Céu, senão Deus. Ele é o grande bem no qual os remidos são recebidos na morte e para o qual ressuscitarão no fim do mundo. O Senhor Deus é a luz da Jerusalém celestial, o "...rio da água da vida..." (AP 22:1) que corre e a "...árvore da vida que se encontra no paraíso de Deus" (AP 2:7). As gloriosas excelências e a beleza de Deus serão o que acolherá eternamente a mente dos santos, e o amor de Deus será seu banquete eterno. Os remidos desfrutarão realmente de outras coisas: os anjos e uns aos outros. Porém, aquilo de que desfrutarão nos anjos, uns nos outros ou em qualquer outra coisa que lhes dê deleite e felicidade será o que se verá de Deus neles.

Segundo, os remidos têm todo o seu bem INERENTE em Deus. O bem inerente é duplo. Ou é excelência ou prazer. Os remidos não apenas os obtêm de Deus como causados por Ele, mas também os têm nele. Eles têm excelência espiritual e alegria por uma espécie de participação em Deus. Eles são feitos excelentes pela comunicação com a excelência de Deus. Deus coloca Sua própria beleza, isto é, Sua bela semelhança, na alma deles. Eles são feitos participantes da natureza divina, ou imagem moral de Deus (VEJA 2 PEDRO 1:4). Eles são santos por serem feitos participantes da santidade de Deus (VEJA HEBREUS 12:10). Os santos são belos e benditos pela comunicação com a santidade e alegria de Deus, assim como a Lua e os planetas brilham pela luz do Sol. O santo tem alegria e prazer espirituais por uma espécie de efusão de Deus sobre a alma. Nessas coisas os remidos têm comunhão com Deus, isto é, eles participam com Ele e dele.

Os santos têm sua excelência espiritual e sua bem-aventurança pela dádiva do Espírito Santo e de Sua habitação neles. Eles não são apenas causados pelo Espírito Santo, mas estão nele como seu princípio. O Espírito Santo tornar-se habitante é um princípio vital na alma. Ele, agindo na, sobre e com a alma, torna-se uma fonte de verdadeira santidade e alegria, tal como é uma fonte de água, pelo exercício e difusão de si mesma.

...aquele, porém, que beber da água que eu lhe der nunca mais terá sede; pelo contrário, a água que eu lhe der será nele uma fonte a jorrar para a vida eterna. (JOÃO 4:14)

Quem crer em mim, como diz a Escritura, do seu interior fluirão rios de água viva. Isto ele disse com respeito ao Espírito que haviam de receber os que nele cressem... (JOÃO 7:38-39)

A soma do que Cristo adquiriu para nós é a fonte de água mencionada na primeira dessas passagens e os rios de água viva mencionados na segunda. E a soma das bênçãos, que os remidos receberão no Céu, é aquele rio da água da vida que procede do trono de Deus e do Cordeiro (VEJA APOCALIPSE 22:1). Isso, sem dúvida, significa o mesmo que os rios de água viva explicados em João 7:38-39, que, em outra passagem, é chamado torrente das delícias de Deus (VEJA SALMO 36:8). Nisso consiste a plenitude do bem que os santos recebem de Cristo. É participando do Espírito Santo que eles têm comunhão com Cristo em Sua plenitude. Deus deu o Espírito sem medida, e eles recebem de Sua plenitude e graça sobre graça. Esse é o total da herança dos santos. Portanto, aquele pouco do Espírito Santo que os cristãos têm neste mundo é considerado o penhor da sua herança. "*...que também nos selou e nos deu o penhor do Espírito em nosso coração*" (2CO 1:22); "*Ora, foi o próprio Deus quem nos preparou para isto, outorgando-nos o penhor do Espírito*" (2CO 5:5); "*...fostes selados com o Santo Espírito da promessa; o qual é o penhor da nossa herança, ao resgate da sua propriedade...*" (EF 1:13-14).

O Espírito Santo e as coisas boas são mencionadas nas Escrituras como a mesma coisa, como se o Espírito de Deus, ao comunicar-se com a alma, abrangesse tudo aquilo que é bom: "...quanto mais vosso Pai, que está nos céus, dará boas coisas aos que lhe pedirem?" (MT 7:11), e "...quanto mais o Pai celestial dará o Espírito Santo àqueles que lho pedirem?" (LC 11:13).

Esse é o total das bênçãos que Cristo morreu para obter e o tema das promessas do evangelho. "...fazendo-se ele próprio maldição em nosso lugar [...] a fim de que recebêssemos, pela fé, o Espírito prometido" (GL 3:13-14). O Espírito de Deus é a grande promessa do Pai. "Eis que envio sobre vós a promessa de meu Pai..." (LC 24:49). O Espírito de Deus é, por isso, chamado "...Santo Espírito da promessa" (EF 1:13).

Cristo recebeu essa coisa prometida tão logo consumou a obra da nossa redenção. Ela foi entregue em Suas mãos para ser concedida a todos os que Ele havia redimido.

Exaltado, pois, à destra de Deus, tendo recebido do Pai a promessa do Espírito Santo, derramou isto que vedes e ouvis. (ATOS 2:33)

Portanto toda a santidade e felicidade dos remidos está em Deus. Está nas comunicações, habitação e atuação do Espírito de Deus. Santidade e felicidade estão nos redimidos, aqui e no porvir, porque Deus habita neles e eles, em Deus.

Assim, Deus nos deu o Redentor e é por Ele que o nosso bem é comprado. Assim, Deus é o Redentor e o preço; e Ele é também o bem comprado. Dessa forma, tudo que temos é de Deus, por meio dele e nele. "Porque dele, e por meio dele, e para ele são todas as coisas..." (RM 11:36). Em grego, o que é aqui traduzido como *para ele* é traduzido como *nele* (VEJA TAMBÉM 1 CORÍNTIOS 8:6).

2. Deus é glorificado na obra de redenção por haver tão grande e universal dependência dos redimidos em relação a Ele.

a) *O homem tem a maior razão e obrigação de perceber e reconhecer as perfeições e a total suficiência de Deus.* Quanto maior é a dependência da criatura das perfeições de Deus, e quanto maior é o seu interesse por elas, tanto maior é a sua ocasião de percebê-las. Quanto maior é o interesse e a dependência de alguém em relação ao poder e à graça de Deus, tanto maior é a ocasião de perceber esse poder e essa graça. Quanto maior e mais imediata dependência há da divina santidade, tanto maior é a ocasião para percebê-la e reconhecê-la. Quanto maior e mais absoluta é a nossa dependência das perfeições divinas, pertencentes às várias pessoas da Trindade, tanto maior é a ocasião que temos de observar e confessar a glória divina de cada uma delas. Aquilo com que mais nos preocupamos é o que, certamente, mais atrapalha a nossa observação e percepção; e este tipo de preocupação com qualquer coisa, a saber, dependência, tende especialmente a exigir e obrigar a atenção e observação. As coisas das quais não dependemos muito são fáceis de negligenciar, mas dificilmente podemos fazer qualquer outra coisa senão cuidar daquilo de que dependemos grandemente. Devido à nossa tão grande dependência de Deus e de Suas perfeições, e em tantos aspectos, Ele e Sua glória são postos mais diretamente em nossa visão para onde quer que olhemos.

Nós temos a maior ocasião de perceber a total suficiência de Deus quando toda a nossa suficiência é dele em todos os sentidos. Temos mais ocasião de contemplá-lo como um bem infinito e a fonte de todo bem. Tal dependência de Deus demonstra Sua total suficiência. Quanto mais a criatura depende de Deus, tanto maior parece o vazio da criatura em si mesma; e quanto maior o vazio da criatura, tanto maior precisa ser a plenitude do Ser que a supre. Termos tudo *de* Deus demonstra a plenitude de Seu poder e graça; termos tudo *por meio dele* demonstra a plenitude de Seu mérito e dignidade; e termos tudo *nele* demonstra Sua plenitude de beleza, amor e felicidade. E, em razão da grandeza de sua dependência de Deus, os redimidos têm não só a maior ocasião, mas também a obrigação de contemplar e reconhecer a glória e a plenitude de Deus. Quão irracionais e ingratos nós seríamos se não reconhecêssemos a suficiência e a glória das quais dependemos absoluta, imediata e universalmente!

b) *Nisso é demonstrado quão grande a glória de Deus é considerada em comparação com a da criatura.* O fato de a criatura ser, assim, total e universalmente dependente de Deus faz transparecer que ela é nada e que Ele é tudo. Deus estar infinitamente acima de nós torna evidente que Sua força, sabedoria e santidade são infinitamente maiores do que as nossas. Por maior e mais glorioso que a criatura entenda que Deus é, se não tiver consciência da diferença entre Deus e ela, de modo a ver que a glória de Deus é enorme em comparação com a sua, não estará inclinada a dar a Ele a glória devida ao

Seu nome. Se, em qualquer aspecto, a criatura se colocar no mesmo nível de Deus ou se exaltar a qualquer competição com Ele, por mais que consiga compreender quão grande honra e profundo respeito são devidos a Deus por quem está a uma distância maior, não terá tanta consciência de dever tais coisas a Ele. Quanto mais os homens se exaltam, certamente menos estarão dispostos a exaltar a Deus. Por certo, o que Deus visa na disposição das coisas na redenção (se permitirmos que as Escrituras sejam uma revelação da mente divina) é que Ele apareça pleno e o homem, vazio em si mesmo; que Deus apareça como tudo e o homem, como nada. É o desígnio declarado de Deus que "...ninguém se vanglorie na presença de Deus" (1CO 1:29); isso implica que é Seu desígnio promover Sua própria glória comparativa. Quanto mais o homem se vangloria na presença de Deus, menos glória é atribuída ao Senhor.

c) *Assim, ao ser ordenado que a criatura tenha uma dependência tão absoluta e universal de Deus, é feita provisão para que Deus tenha toda a nossa alma e seja o objeto de todo o nosso respeito.* Se nós dependêssemos em parte de Deus e em parte de outra coisa, o respeito do homem seria dividido entre as diferentes coisas das quais ele dependesse. Assim seria se dependêssemos de Deus somente para uma parte do nosso bem e de nós mesmos, ou de algum outro ser, para outra parte. Ou se recebêssemos o nosso bem somente de Deus e por meio de outro que não fosse Deus, e em algo mais distinto dos dois, nosso coração ficaria dividido entre o próprio bem e aquele de quem e por meio de quem o recebêssemos. Porém, agora não há ocasião para isso, uma vez que Deus é não apenas aquele de quem recebemos todo o bem, mas também aquele por meio de quem o recebemos, e aquele que é o próprio bem que recebemos dele e por meio dele. Assim, independentemente do que haja para atrair o nosso respeito, a tendência ainda é direcionada a Deus. Tudo se une nele como o centro.

APLICAÇÃO

1. Podemos aqui observar a maravilhosa sabedoria de Deus na obra da redenção.
Deus tornou o vazio e a miséria do homem — seu estado inferior, perdido e arruinado, no qual ele afundou devido à queda — uma ocasião para o maior avanço de Sua própria glória, como de outras maneiras, muito particularmente no fato de o homem depender de Deus de maneira muito mais universal e aparente. Embora Deus se agrade em tirar o homem daquele abismo sombrio de pecado e desgraça em que ele caiu e exaltá-lo extremamente em excelência e honra e a um alto grau de glória e bem-aventurança, ainda assim a criatura nada tem, em aspecto algum, em que gloriar-se. Toda a glória pertence evidentemente a Deus, tudo depende mera, mais absoluta e divinamente do Pai, do Filho e do Espírito Santo. Cada pessoa da Trindade é igualmente glorificada nesta obra: para tudo a criatura depende absolutamente de todos. Tudo do Pai, tudo por meio do Filho e tudo no Espírito Santo. Assim, Deus aparece na obra da redenção como tudo em todos. É adequado que Aquele que é, e não há outro, seja o Alfa e o Ômega, o primeiro e o último, o tudo e o único, nessa obra.

2. Consequentemente, as doutrinas e sistemas de divindade que, em qualquer aspecto, se opõem a tal dependência absoluta e universal de Deus derrogam Sua glória e frustram o desígnio da nossa redenção.

Assim são os sistemas que colocam a criatura no lugar de Deus em qualquer dos aspectos mencionados, que exaltam o homem no lugar do Pai, do Filho ou do Espírito Santo, em qualquer coisa referente à nossa redenção. Entretanto, eles podem permitir uma dependência dos remidos de Deus, mas negar uma dependência tão absoluta e universal. Eles reconhecem uma total dependência de Deus para algumas coisas, mas não para outras. Reconhecem que dependemos de Deus para a dádiva e aceitação do Redentor, mas negam uma dependência tão absoluta dele para a obtenção de um *interesse* no Redentor. Eles reconhecem uma total dependência do Pai para dar Seu Filho, e do Filho para efetuar a redenção, mas uma dependência não tão absoluta do Espírito Santo para a *conversão* e estar em Cristo, e assim ter direito aos Seus benefícios. Eles reconhecem uma dependência de Deus para meios da graça, mas não absolutamente para o benefício e sucesso desses meios. Uma dependência parcial do poder de Deus, para obter e exercer a santidade, mas não uma mera dependência da arbitrária e soberana graça de Deus. Eles reconhecem uma dependência da livre graça de Deus para serem recebidos em Seu favor, na medida em que isso ocorra sem mérito adequado, mas não sem serem atraídos ou incitados por qualquer excelência. Eles reconhecem uma dependência parcial de Cristo como Aquele por meio de quem nós temos vida, como havendo comprado novos termos de vida, mas ainda sustentam que a justiça pela qual temos vida é inerente a nós mesmos, assim como era sob a primeira aliança. Ora, qualquer sistema inconsistente com a nossa *total* dependência de Deus para tudo, e de ter tudo dele, por meio dele e nele, é repugnante ao desígnio e conteúdo do Evangelho e rouba daquilo que Deus considera seu esplendor e glória.

3. Consequentemente, podemos aprender um motivo pelo qual a fé é aquilo pelo que passamos a ter parte nessa redenção, porque a natureza da fé inclui um reconhecimento sensato da dependência absoluta de Deus quanto a isso.

É muito adequado que seja exigido de todos, para que tenham o benefício dessa redenção, que sejam conscientes de sua dependência de Deus para ela e reconheçam essa dependência. Foi por esse meio que Deus planejou glorificar-se na redenção. E é adequado que Ele deva, no mínimo, receber essa glória daqueles que recebem essa redenção e se beneficiam dela.

A fé é uma consciência do que é real na obra da redenção. A alma que crê depende totalmente de Deus para toda a salvação, em seu próprio sentido e ato. A fé rebaixa os homens e exalta a Deus, dá toda a glória da redenção somente a Ele. Para a fé salvadora é necessário que o homem se esvazie de si mesmo, tenha consciência de que é "...infeliz [...], miserável, pobre, cego e nu" (AP 3:17). A humildade é um grande ingrediente da verdadeira fé: quem recebe a redenção verdadeiramente, recebe-a como uma criança: "...Quem não receber o reino de Deus como uma criança de maneira alguma entrará nele" (MC 10:15). O deleite da alma que crê é humilhar-se e exaltar somente a Deus. Essa é a linguagem do salmista: "Não a nós, SENHOR, não a nós, mas ao teu nome dá glória" (SL 115:1).

4. Sejamos exortados a exaltar somente a Deus e atribuir a Ele toda a glória da redenção.
Esforcemo-nos por obter e aumentar uma consciência da nossa grande dependência de Deus, ter nosso olhar voltado somente para Ele e mortificar uma inclinação de autodependência e hipocrisia. O homem é, por natureza, excessivamente inclinado a exaltar a si mesmo e a depender de seu próprio poder ou bondade, como se de si mesmo devesse esperar felicidade. Ele tende a respeitar prazeres alheios a Deus e ao Seu Espírito, como aqueles nos quais a felicidade deve ser encontrada.

Porém, essa doutrina deve nos ensinar a exaltar *somente* a Deus, tanto por confiança como por louvor. *O que se gloriar, glorie-se [no Senhor]* (VEJA JEREMIAS 9:24). Algum homem tem esperança de ser convertido e santificado, e de sua mente ser dotada de verdadeira excelência e beleza espiritual? De que seus pecados sejam perdoados e ele seja recebido no favor de Deus e exaltado à honra e bem-aventurança de ser Seu filho e herdeiro da vida eterna? Então, dê toda a glória a Deus, o único que o torna diferente do pior dos homens deste mundo ou do mais infeliz dos condenados do inferno. Se algum homem tiver muito conforto e grande esperança de vida eterna, não deixe sua esperança exaltá-lo. Em vez disso, incline-se ainda mais a humilhar-se, a refletir sobre sua própria indignidade de tal favor e a exaltar somente a Deus. Se algum homem for eminente em santidade e abundante em boas obras, não tome para si mesmo parte alguma da glória disso, e sim atribua-a Àquele de quem somos "feitura [...], criados em Cristo Jesus para boas obras" (EF 2:10).

A SOBERANIA DE DEUS NA SALVAÇÃO DOS HOMENS[7]

*Logo, tem ele misericórdia de quem quer
e também endurece a quem lhe apraz.*

ROMANOS 9:18

No início do capítulo de Romanos 9, o apóstolo expressa sua grande preocupação e tristeza de coração pela nação dos judeus, que foram rejeitados por Deus. Isso o leva a observar a diferença que Deus fez por eleição entre alguns judeus e outros, e entre a maior parte daquele povo e os gentios cristãos. Ao falar disso, ele entra em uma discussão — mais minuciosa do que em qualquer outra parte da Bíblia — acerca da soberania de Deus em eleger alguns para a vida eterna e rejeitar outros, e no decorrer dessa sua exposição cita várias passagens do Antigo Testamento, confirmando e ilustrando tal doutrina.

---

[7] Originalmente ministrado por volta de agosto de 1731 a dezembro de 1732.

Paulo nos remete ao que Deus disse a Abraão, mostrando haver elegido Isaque em lugar de Ismael: "Porque a palavra da promessa é esta: Por esse tempo, virei, e Sara terá um filho" (RM 9:9 — VEJA GÊNESIS 18:10), e, depois, ao que Deus havia dito a Rebeca, mostrando sua eleição de Jacó em lugar de Esaú: "...O mais velho será servo do mais moço" (v.12 — VEJA GÊNESIS 25:25). No versículo 13, ele refere uma passagem de Malaquias: "...amei a Jacó, porém aborreci a Esaú..." (ML 1:2-3). Depois, ele cita o que Deus disse a Moisés: "Terei misericórdia de quem me aprouver ter misericórdia e compadecer-me-ei de quem me aprouver ter compaixão" (RM 9:15 — VEJA GÊNESIS 33:18).

No versículo anterior ao do texto, ele se refere ao que Deus disse a Faraó:

Porque a Escritura diz a Faraó: Para isto mesmo te levantei, para mostrar em ti o meu poder e para que o meu nome seja anunciado por toda a terra.
(ROMANOS 9:17)

Naquilo que diz no texto, o apóstolo parece haver se referido especialmente às duas últimas passagens citadas: o que Deus disse a Moisés e o que Ele disse a Faraó. Deus disse a Moisés: "Terei misericórdia de quem me aprouver ter misericórdia..." (RM 9:15). A isso o apóstolo se refere na primeira parte do texto, e sabemos quão frequentemente é dito que Deus endureceu o coração de Faraó. O apóstolo parece se referir a isso na última parte do versículo que abre o nosso texto: "...endurece a quem lhe apraz" (RM 9:18). Podemos observar no texto:

a) *O tratamento diferente de Deus para com os homens.* Ele tem misericórdia de alguns e endurece outros. Quando Deus é aqui mencionado como endurecendo alguns dos filhos dos homens, não deve ser entendido que Deus, por qualquer eficiência positiva, endurece o coração de qualquer homem. Não há ato positivo em Deus aqui, como se Ele aplicasse qualquer poder para endurecer o coração. Supor tal coisa seria fazer de Deus o autor imediato do pecado. Diz-se que Deus endurece os homens de duas maneiras: retendo as poderosas influências de Seu Espírito, sem as quais o coração deles permanecerá empedernido e se tornará cada vez mais duro — neste sentido, Ele os endurece deixando-os na dureza —, e, novamente, ordenando as coisas de Sua providência que, por meio do abuso de sua corrupção, se tornam a ocasião de seu endurecimento. Assim, Deus envia Sua palavra e Suas ordenanças a homens que, por seu abuso, provam ser uma ocasião para seu endurecimento. Por isso, o apóstolo disse que para alguns ele era "...cheiro de morte para morte..." (2CO 2:16). Assim, Deus é representado como enviando Isaías na missão de tornar insensível o coração do povo, endurecer-lhes os ouvidos e fechar-lhes os olhos, para que não viesse a ver com os olhos, ouvir com os ouvidos e entender com o coração, e se converter e ser curado (VEJA ISAÍAS 6:10). A pregação de Isaías tinha, em si, a tendência contrária, de torná-los melhores. Porém, o abuso deles a tornou uma ocasião para seu endurecimento. Assim como aqui é dito que Deus endurece os homens, também é dito que Ele coloca um espírito mentiroso na boca de falsos profetas (VEJA 2 CRÔNICAS 18:22), isto é, Ele permitiu que um espírito mentiroso entrasse neles. Assim também é dito que Ele ordenou a Simei que amaldiçoasse

Davi (VEJA 2 SAMUEL 16:10); não que Ele o tenha ordenado propriamente, visto que isso é contrário aos mandamentos do Senhor. Deus proíbe expressamente amaldiçoar o governante do povo (VEJA ÊXODO 22:28). Porém, Ele permitiu que, naquele momento, a corrupção operasse daquela maneira em Simei e ordenou aquela ocasião de conturbação como manifestação de Seu descontentamento contra Davi.

b) *O fundamento de Seus diferentes tratamentos com a humanidade, a saber, Sua soberana vontade e prazer.* "Tem ele misericórdia de quem quer e também endurece a quem lhe apraz" (RM 9:18). Isso não implica meramente que Deus nunca demonstre ou que negue misericórdia contra a Sua vontade, ou que está sempre disposto a fazê-lo quando Ele procede assim. Um súdito ou servo solícito, ao obedecer às ordens de seu senhor, jamais faz algo contrário à sua vontade, nada além do que manifeste alegria e deleite. Contudo, não se pode dizer que ele faça o que deseja conforme o texto sugere. Porém, a expressão implica que o que ordena supremamente esse assunto são a mera vontade e o prazer soberano de Deus. É a vontade divina sem restrição, limitação ou obrigação.

Doutrina. Deus exerce Sua soberania na salvação eterna dos homens.
Ele não é apenas soberano e tem o direito soberano de dispor e ordenar quanto à salvação, e não apenas poderia proceder de maneira soberana, se quisesse, sem que alguém o acusasse de exceder o Seu direito; mas Ele de fato o faz: Ele exerce o direito que possui. Na exposição a seguir, eu proponho a mostrar:

1. O que é a soberania de Deus.

A soberania de Deus é o Seu direito absoluto e independente de dispor de todas as criaturas segundo o Seu próprio prazer. Considerarei essa definição por partes.

A vontade de Deus é chamada de Seu *mero prazer*,

a) *Em oposição a qualquer limitação.* Os homens podem fazer coisas voluntariamente e, mesmo assim, pode haver um certo grau de limitação. Pode-se dizer que um homem faz algo voluntariamente, isto é, ele mesmo o faz e escolhe fazê-lo por ter considerado tudo; entretanto, pode fazê-lo por medo, e a coisa em si considerada pode lhe ser enfadonha e dolorosamente contrária à sua inclinação. Quando os homens fazem as coisas assim, não se pode dizer que as façam segundo o seu mero prazer.

b) *Em oposição a estar sujeito à vontade de outro.* Um servo pode cumprir os mandamentos de seu mestre com boa vontade e alegria e pode se deleitar em fazer a vontade de seu senhor. Porém, ao fazê-lo, não o faz por seu mero prazer. Os santos fazem a vontade de Deus livremente. Eles escolhem fazê-la, isso é seu alimento e bebida (VEJA JOÃO 4:34). Contudo, não a fazem por seu mero prazer e vontade arbitrária, porque sua vontade está sob a direção de uma vontade superior.

c) *Em oposição a qualquer obrigação devida.* Um homem pode fazer muito livremente algo que é obrigado a fazer, mas não se pode dizer que ele age por sua própria vontade e prazer. Quem age por seu mero prazer usufrui de plena liberdade, mas quem está sujeito a qualquer obrigação devida não usa de liberdade, e sim está obrigado.

Ora, a soberania de Deus supõe que Ele tem o direito de dispor de todas as Suas criaturas segundo o Seu mero prazer, no sentido explicado. E Seu direito é absoluto e independente. Os homens podem ter o direito de dispor de algumas coisas segundo a sua vontade, porém seu direito não é absoluto e ilimitado. Pode-se dizer que os homens têm o direito de dispor de seus próprios bens como lhes agradar, contudo seu direito não é absoluto; ele tem limites e fronteiras. Eles têm o direito de dispor de seus próprios bens como lhes agradar, desde que isso não contrarie a lei do Estado a que estão sujeitos ou a lei de Deus. O direito dos homens de dispor de suas coisas como desejarem não é absoluto, porque não é independente. Eles não têm um direito independente sobre o que possuem. Para o direito que têm, dependem em algumas coisas da comunidade da que fazem parte, e em tudo dependem de Deus. Eles recebem de Deus todo o direito que têm a qualquer coisa. No entanto, a soberania de Deus implica que Ele tem o direito absoluto, ilimitado e independente de dispor de Suas criaturas como desejar.

2. O que implica a soberania de Deus na salvação dos homens.

Em resposta a essa questão, observo que ela implica que Deus pode conceder a salvação a qualquer um dos filhos dos homens ou recusá-la, sem qualquer prejuízo à glória de qualquer de Seus atributos, exceto quando houver sido de Seu agrado em declarar que a concederá ou não. É impossível dizer de forma absoluta, pelo que se apresentou até aqui, que

Deus pode, sem qualquer prejuízo à honra de qualquer de Seus atributos, conceder a salvação a qualquer um dos filhos dos homens ou recusá-la; afinal, no tocante a alguns, foi do agrado de Deus declarar que concederá, ou não, a salvação a eles e, assim, comprometer-se por Sua própria promessa. E, no tocante a alguns, a saber, aqueles que cometeram pecado contra o Espírito Santo, Ele se agrada em declarar que nunca serão salvos. Dito isto, Ele é, consequentemente, obrigado; Ele não pode conceder a salvação em um caso ou recusá-la em outro, sem prejuízo da honra de Sua verdade. Porém, Deus exerceu Sua soberania ao fazer tais declarações. Deus não foi obrigado a prometer que salvaria todos os que creem em Cristo, nem foi compelido a declarar que quem cometeu pecado contra o Espírito Santo nunca deverá ser perdoado. Todavia agradou-lhe declarar isso. E, se não fosse por se haver agradado em obrigar-se nesses casos, Deus ainda poderia ter concedido ou recusado a salvação, sem prejuízo de qualquer de Seus atributos. Se fosse intrinsecamente prejudicial a algum de Seus atributos conceder ou recusar a salvação, Deus não agiria nesse assunto como absolutamente soberano, visto que deixaria de ser algo meramente arbitrário. Deixa de ser uma questão de absoluta liberdade e se torna uma questão de necessidade ou obrigação. Porque Deus não pode fazer coisa alguma que prejudique qualquer de Seus atributos ou contrária ao que é intrinsecamente excelente e glorioso. Portanto,

a) *Sem prejuízo da glória de qualquer de Seus atributos, Deus pode conceder salvação a qualquer um dos filhos dos homens, exceto aos que cometeram o pecado contra o Espírito Santo.* Foi o que aconteceu quando o homem caiu e antes de Deus revelar Seu eterno propósito e plano para redimir os homens por meio de Jesus Cristo. Provavelmente, os anjos consideraram algo totalmente inconsistente com os atributos de Deus salvar qualquer um dos filhos dos homens. Era totalmente inconsistente com a honra dos atributos divinos salvar qualquer um dos filhos caídos dos homens, da maneira como eles estavam. Isso não poderia ter sido feito se Deus não houvesse imaginado uma maneira consistente com a honra de Sua santidade, majestade, justiça e verdade. Mas, visto que Deus revelou no evangelho que nada lhe é muito difícil, nada está além do alcance de Seu poder, sabedoria e suficiência, e visto que Cristo realizou a obra de redenção e cumpriu a Lei ao obedecer, não há na humanidade alguém que Ele não possa salvar — pois isso causaria certo prejuízo a qualquer de Seus atributos — exceto quem cometeu pecado contra o Espírito Santo. E, estes, Ele poderia salvar sem contrariar qualquer de Seus atributos, se não tivesse lhe agradado declarar que não o faria. Não foi porque Ele não os poderia salvar de maneira consistente com Sua justiça e com Sua lei, ou porque Seu atributo de misericórdia não seria suficientemente grande ou porque o sangue de Cristo não seria suficiente para purificar daquele pecado. Porém, por razões sábias lhe agradou declarar que tal pecado nunca será perdoado neste mundo ou no mundo vindouro. Assim, agora é contrário à verdade de Deus salvá-los. De outro modo, não há pecador, por maior que seja, que Deus não possa salvar sem que isso traga prejuízo a qualquer atributo; quer ele tenha sido assassino, adúltero, perjuro, idólatra ou blasfemador, se Deus se agradar em salvá-lo, poderá fazê-lo sem prejudicar Sua glória em qualquer aspecto. Embora tais pessoas tenham pecado durante muito tempo, sido obstinadas, cometido pecados hediondos mil vezes até envelhecerem no pecado e pecado sob grandes agravos (sejam quais forem os agravos); se elas pecaram sob uma luz tão grande; desviaram-se e pecaram contra mui numerosas e solenes advertências e esforços do Espírito, e misericórdias de Sua providência comum, embora o perigo dessas seja muito maior do que o de outros pecadores, ainda assim Deus pode salvá-las se isso lhe agradar, por amor a Cristo, sem qualquer prejuízo de qualquer de Seus atributos. Ele poderá ter misericórdia de quem Ele quiser ter misericórdia. Ele poderá ter misericórdia dos maiores pecadores, se assim lhe agradar, e a glória de nenhum de Seus atributos será minimamente manchada. A suficiência da satisfação e justiça de Cristo é tal que nenhum dos atributos divinos impede a salvação de qualquer um deles. Assim, a glória de qualquer atributo não sofreu de modo algum com a salvação, por Cristo, de alguns de Seus crucificadores.

b) *Deus pode salvar qualquer um deles sem prejuízo da honra de Sua santidade.* Deus é um ser infinitamente santo. Os Céus não são puros aos Seus olhos. Ele tem olhos puros demais para contemplar o mal e não pode observar iniquidade. E se, de algum modo, Deus tolerasse o pecado e não desse testemunho adequado de Seu ódio e desagrado por ele, isso seria prejudicial à honra de Sua santidade. Porém, Deus pode salvar o maior pecador sem aprovar minimamente o pecado. Se Ele salva alguém que, durante muito tempo, manteve-se sob os apelos do evangelho e pecou sob terríveis agravos ou se Ele salva alguém que, contrariamente à luz, foi um pirata ou blasfemador, pode fazê-lo sem tolerar minimamente a perversidade deles, porque Sua aversão e Seu desagrado contra ela já foram suficientemente manifestados nos sofrimentos de Cristo. Foi um testemunho suficiente da aversão de Deus contra até mesmo a maior perversidade o fato de Cristo, o eterno Filho de Deus, ter morrido por ela. Nada pode demonstrar mais do que isso a repulsa infinita de Deus a qualquer perversidade. Se o próprio ímpio fosse lançado ao inferno e suportasse os tormentos mais extremos já infligidos ali, isso não seria uma manifestação maior da aversão de Deus à perversidade do que os sofrimentos do Filho de Deus por ela.

c) *Deus pode salvar qualquer um dos filhos dos homens, sem prejuízo da honra de Sua majestade.* Ainda que os homens tenham afrontado muito a Deus desprezando intensamente a Sua autoridade, Ele pode salvá-los se isso lhe agradar, e a honra de Sua majestade não sofrerá em absoluto. Se Deus salvasse sem satisfação quem o afrontou, a honra de Sua majestade sofreria; pois, quando o desprezo é lançado sobre a infinita majestade, sua honra sofre, e ele deixa uma obscuridade sobre a honra da majestade divina se o dano não for reparado. Entretanto, os sofrimentos de Cristo reparam totalmente tal dano. Por maior que seja o desprezo, se uma pessoa tão honrada como Cristo se compromete a ser o Mediador para o ofensor e sofre em seu lugar nesta mediação, isso repara totalmente o dano causado pelo maior pecador à majestade do Céu.

d) *Deus pode salvar qualquer pecador de maneira consistente com a Sua justiça.* A justiça de Deus requer a punição do pecado. Deus é o Supremo Juiz do mundo e deve julgar o mundo segundo as regras da justiça. Não cabe ao juiz demonstrar favor à pessoa julgada. Ele deve determinar em conformidade com a regra de justiça, sem se desviar para a direita ou para a esquerda. Deus não demonstra misericórdia como juiz, e sim como soberano. Por isso, quando a misericórdia buscava a salvação dos pecadores, a pergunta era como fazer o exercício da misericórdia de Deus como soberano e Sua estrita justiça como juiz concordarem. E isso é feito pelos sofrimentos de Cristo, nos quais o pecado é totalmente punido e a justiça é atendida. Cristo sofreu o suficiente pela punição dos pecados do maior pecador que já viveu, para que Deus, quando julgar, possa agir segundo a regra de estrita justiça, mas absolver o pecador se este estiver em Cristo. A justiça não pode exigir, pelos pecados de qualquer homem, mais do que os sofrimentos de uma das pessoas da Trindade, que Cristo sofreu.

> *...a quem Deus propôs, no seu sangue, como propiciação, mediante a fé, para manifestar a sua justiça [...] para ele mesmo ser justo e o justificador daquele que tem fé em Jesus.* (ROMANOS 3:25-26)

e) *Deus pode salvar qualquer pecador, sem prejuízo da honra de Sua verdade.* Deus decretou que o pecado deve ser punido com a morte. Isso deve ser entendido não apenas acerca da primeira morte, mas também da segunda. Nessa ameaça, Deus pode salvar o maior pecador de maneira consistente com a Sua verdade. Porque o pecado é punido nos sofrimentos de Cristo na medida em que Ele é nosso fiador (e, assim, legalmente a mesma pessoa que o afiançado), suportou a nossa culpa e, em Seus sofrimentos, recebeu a nossa punição. Pode-se objetar que Deus disse: "...no dia em que dela comeres, certamente morrerás" (GN 2:17), como se quem pecou fosse obrigado a sofrer. E, portanto, por que a verdade de Deus não obriga essa mesma pessoa a isso? Eu respondo que, naquele momento, a palavra não se destinava a ser restringida à própria pessoa que pecou. Provavelmente, Adão entendeu que a sua posteridade estava incluída, quer cada pessoa pecasse ou não. Se alguém pecou em Adão, seu fiador, as palavras se "dela comeres" significaram "se tu mesmo comeres, ou teu fiador". Portanto, a última palavra, "morrerás", também permite razoavelmente tal construção como "tu mesmo morrerás, ou teu fiador".

Foi do agrado do SENHOR, por amor da sua própria justiça, engrandecer a lei e fazê-la gloriosa. (ISAÍAS 42:21)

3. Porém, Deus pode recusar a salvação a qualquer pecador, sem prejuízo da honra de qualquer de Seus atributos.

Não há pessoa alguma, em condição natural, a quem Deus não possa recusar conceder a salvação; isso não traz prejuízo a qualquer parte de Sua glória. Quer uma pessoa natural seja sábia ou insensata, tenha temperamento natural bom ou mau, tenha ascendência inferior ou honrada, seja nascida de pais maus ou piedosos, seja moral ou imoral. Independentemente de qualquer bem que ela possa ter feito, de quão religiosa tenha sido, de quantas orações tenha feito e de quanto tenha se esforçado para ser salva, de que preocupação e angústia possa ter por medo de ser condenada, ou das circunstâncias em que esteja, Deus pode negar-lhe a salvação sem a mínima depreciação de qualquer das Suas perfeições. Em nenhum caso a Sua glória será minimamente obscurecida por isso.

a) *Deus pode negar a salvação a qualquer pessoa natural, sem qualquer prejuízo à honra de Sua justiça.* Se Ele o fizer, não há nisso injustiça, nem desonestidade. Não há homem natural vivo, qualquer que seja o seu caso, a quem Deus possa negar a salvação e lançar no inferno e, ainda assim, ser acusado de qualquer tipo de tratamento injusto ou desonesto. Isso é evidente porque todos eles mereceram o inferno e não é injustiça um juiz adequado infligir a qualquer homem o que ele merece. E, assim como mereceu condenação, ele nunca fez nada para tirar a responsabilidade ou expiar o pecado. Ele nunca fez coisa alguma pela qual impusesse a Deus qualquer obrigação de não o punir como ele merecia.

b) *Deus pode negar a salvação a qualquer pessoa não convertida, sem qualquer prejuízo à honra de Sua bondade.* Às vezes, os pecadores são propensos a enaltecer-se porque, embora não seja contrário à justiça de Deus condená-los, isso não será consistente com a glória de Sua misericórdia. Eles pensam que será desonroso à misericórdia de Deus lançá-los no inferno e não ter dó ou compaixão deles. Eles pensam que isso será muito duro ou severo e não-condizente com o Deus de infinita graça e terna compaixão. Porém, Deus pode negar a salvação a qualquer pessoa natural sem qualquer depreciação de Sua misericórdia e bondade. O que não é contrário à justiça de Deus, não é contrário à Sua misericórdia. Se a condenação é justiça, a misericórdia pode escolher seu próprio destinatário. Confunde a natureza da misericórdia de Deus quem pensa que ela é um atributo que, em alguns casos, é contrário à justiça. Não, a misericórdia de Deus é ilustrada por ela mesma: "...a fim de que também desse a conhecer as riquezas da sua glória em vasos de misericórdia, que para glória preparou de antemão" (RM 9:23).

c) *Negar a salvação não é, de modo algum, prejudicial à honra da fidelidade de Deus.* Porque de maneira alguma Deus se obrigou, por Sua palavra, a conceder a salvação a qualquer homem natural. Os homens em estado natural não são filhos da promessa, estando expostos à maldição da Lei, o que não seria o caso se eles tivessem alguma promessa a que se agarrar.

4. Deus exerce realmente a Sua soberania na salvação dos homens.

Mostraremos como Ele exerce esse direito em vários detalhes.

a) *Em chamar um só povo ou nação e lhes conceder os meios da graça, deixando outros sem tais meios.* Segundo a designação divina, a salvação é concedida ligada aos meios da graça. Deus pode, por vezes, fazer uso de meios muito improváveis e conceder a salvação a homens que estão em grande desvantagem, mas não concede graça totalmente sem meio algum. Em vez disso, Deus exerce a Sua soberania outorgando esses meios. Toda a humanidade está, por natureza, em circunstâncias semelhantes em relação a Deus. Contudo, Deus distingue grandemente alguns de outros pelos meios e vantagens que lhes concede. Os incivilizados, que vivem nas partes remotas deste continente e estão sob as mais densas trevas pagãs, bem como os habitantes da África, estão naturalmente em circunstâncias exatamente semelhantes às nossas, nesta terra, quanto a Deus. Em sua natureza, eles não estão mais alienados ou separados de Deus do que nós, e Deus não tem maiores acusações contra eles do que contra nós. Entretanto, que enorme diferenciação Deus fez entre nós e eles! Nisso ele exerceu a Sua soberania. Ele fez isso na antiguidade, quando escolheu um único povo para torná-lo Seu povo da aliança e lhes dar os meios da graça, deixando todos os outros e os entregando às trevas pagãs e à tirania do diabo, para perecer de geração em geração durante muitas centenas de anos. Naquela época, a Terra era povoada por muitas nações grandes e poderosas. Havia os egípcios, um povo famoso por sua sabedoria. Havia também os assírios e os caldeus, que eram nações grandes, sábias e poderosas. Havia os persas, que, por sua força e sua política, subjugaram grande parte do mundo. Havia as renomadas nações dos gregos e dos romanos, famosas no mundo todo por seus excelentes governos civis, por sua sabedoria e sua habilidade nas artes da paz e da guerra, e que, por suas proezas militares, se revezaram subjugando o mundo e reinando sobre ele. Elas foram rejeitadas. Deus não as escolheu para Seu povo, deixando-as durante muitas eras sob densas trevas pagãs, para perecerem por falta de visão, e escolheu um único povo, a posteridade de Jacó, para ser Seu próprio povo e lhes conceder os meios da graça.

Mostra a sua palavra a Jacó, as suas leis e os seus preceitos, a Israel. Não fez assim a nenhuma outra nação; todas ignoram os seus preceitos. (SALMO 147:19-20)

Essa nação era um povo pequeno e insignificante em comparação com muitos outros povos. "Não vos teve o Senhor afeição, nem vos escolheu porque fôsseis mais numerosos do que qualquer povo, pois éreis o menor de todos os povos" (DT 7:7). Assim, nem foi pela justiça deles, visto que eles não eram mais justos do que outros povos. "Sabe, pois, que não é por causa da tua justiça que o Senhor, teu Deus, te dá esta boa terra para possuí-la, pois tu és povo de dura cerviz" (DT 9:6). Deus lhes dá a entender que não foi por qualquer outra causa senão o Seu livre amor eletivo que os escolheu para ser Seu povo. A razão dada para Deus os haver amado foi que Ele os amava (VEJA DEUTERONÔMIO 7:8). Isso é o mesmo que dizer que foi agradável ao Seu soberano prazer dedicar o Seu amor a você.

Deus também demonstrou Sua soberania ao escolher aquele povo enquanto outras nações, descendentes dos mesmos antepassados, foram rejeitadas. Assim, os descendentes de Isaque foram escolhidos, enquanto os de Ismael e de outros filhos de Abraão foram rejeitados. Assim, foram escolhidos os filhos de Jacó, enquanto a posteridade de Esaú foi rejeitada, como o apóstolo observa: "...nem por serem descendentes de Abraão são todos seus filhos; mas: Em Isaque será chamada a tua descendência" (RM 9:7); e novamente:

E não ela somente, mas também Rebeca, ao conceber de um só, Isaque, nosso pai. E ainda não eram os gêmeos

nascidos, nem tinham praticado o bem ou o mal (para que o propósito de Deus, quanto à eleição, prevalecesse, não por obras, mas por aquele que chama), já fora dito a ela: O mais velho será servo do mais moço. Como está escrito: Amei Jacó, porém me aborreci de Esaú.
(ROMANOS 9:10-13)

O apóstolo não se refere meramente à eleição das pessoas de Isaque e Jacó em vez de Ismael e Esaú, mas àquelas de sua posteridade. Na passagem já citada de Malaquias, Deus se preocupa com as nações que eram a posteridade de Esaú e Jacó:

Eu vos tenho amado, diz o Senhor; *mas vós dizeis: Em que nos tens amado? Não foi Esaú irmão de Jacó? — disse o* Senhor; *todavia, amei a Jacó, porém aborreci a Esaú; e fiz dos seus montes uma assolação e dei a sua herança aos chacais do deserto.* (MALAQUIAS 1:2-3)

Deus demonstrou Sua soberania quando Cristo veio, rejeitando os judeus e chamando os gentios. Deus rejeitou a nação dos filhos de Abraão segundo a carne, que havia sido Seu povo exclusivo durante tantas eras e era a única a possuir o único Deus verdadeiro, e escolheu pagãos idólatras em vez dela, e os chamou para ser Seu povo. Quando veio o Messias, que nasceu da nação deles e era Aquele que eles tanto esperavam, Ele os rejeitou. "Veio para o que era seu, e os seus não o receberam" (JO 1:11). Quando veio a gloriosa dispensação do evangelho, Deus deixou os judeus para trás e chamou aqueles que haviam sido pagãos para desfrutarem dos privilégios dela. Eles foram quebrados para que os gentios pudessem ser enxertados (VEJA ROMANOS 11:17). Agora é chamada de "amada, à que não era amada" (RM 9:25). "Mais são os filhos da mulher solitária do que os filhos da casada..." (IS 54:1). Os filhos naturais de Abraão são rejeitados, e Deus levanta de pedras filhos a Abraão. Agora, a nação tão honrada por Deus está rejeitada há muitos séculos e permanece dispersa pelo mundo todo, um notável monumento da vingança divina. E agora Deus distingue grandemente algumas nações gentias de outras, e todas de acordo com a Sua soberana vontade.

b) *Deus exerce a Sua soberania nas vantagens que concede a pessoas específicas.* Todos precisam igualmente de salvação e todos são, naturalmente, de igual forma indignos dela. Contudo Ele concede a alguns vantagens muito maiores para a salvação do que a outros. Ele coloca alguns em famílias piedosas e religiosas, nas quais eles poderão ser bem instruídos e educados, ter pais religiosos para dedicá-los a Deus e fazer muitas orações por eles. Deus coloca alguns sob um ministério mais poderoso do que outros, e em lugares onde há mais derramamentos do Espírito de Deus. A alguns Ele dá muito mais dos esforços e das influências despertadoras do Espírito do que para outros. Isso tudo conforme a Sua soberana vontade.

c) *Deus exerce a Sua soberania em, algumas vezes, conceder salvação aos fracos e mesquinhos e negá-la aos sábios e ilustres.* Em Sua soberania, Cristo passa ao largo de portões de príncipes e nobres, entra em alguma cabana e ali habita e tem comunhão com seus obscuros habitantes. Em Sua soberania,

Deus negou a salvação ao homem rico, que se portava suntuosamente todos os dias, e a concedeu ao pobre Lázaro, que ficava sentado à sua porta mendigando. Dessa maneira, Deus derrama desprezo sobre príncipes e todo o seu cintilante esplendor. Assim, algumas vezes Deus passa ao largo de homens sábios, homens de grande entendimento, estudados e grandes eruditos, e concede salvação a outros de fraco entendimento, que só compreendem algumas das partes mais claras das Escrituras e os princípios fundamentais da religião cristã. Sim, parece haver menos homens ilustres chamados do que outros. E, ao ordenar assim, Deus manifesta a Sua soberania.

Irmãos, reparai, pois, na vossa vocação; visto que não foram chamados muitos sábios segundo a carne, nem muitos poderosos, nem muitos de nobre nascimento; pelo contrário, Deus escolheu as coisas loucas do mundo para envergonhar os sábios e escolheu as coisas fracas do mundo para envergonhar as fortes; e Deus escolheu as coisas humildes do mundo, e as desprezadas, e aquelas que não são, para reduzir a nada as que são.
(1 CORÍNTIOS 1:26-28)

d) *Em conceder a salvação a alguns que tiveram poucas vantagens.* Por vezes, Deus abençoará meios fracos para produzir efeitos surpreendentes, quando meios mais excelentes não são bem-sucedidos. Por vezes, Deus retém a salvação dos que são filhos de pais muito piedosos e a concede a outros, que foram criados em famílias iníquas. Assim, lemos acerca de um bom Abias na família de Jeroboão, de um piedoso Ezequias, filho do ímpio Acaz, e de um piedoso Josias, filho do ímpio Amom. E do oposto: os ímpios Amnom e Absalão, filhos do santo Davi, e o vil Manassés, filho do bom Ezequias. Às vezes, alguns, que possuíam eminentes meios de graça, são rejeitados e deixados para perecer, enquanto outros, com muito menos vantagens, são salvos. Assim, a maioria dos escribas e fariseus, que tinham tanto esclarecimento e conhecimento das Escrituras, foi rejeitada, e os pobres publicanos ignorantes, salvos.

A maior parte daqueles com quem Cristo tinha muito relacionamento, que o ouviram pregar e o viram fazer milagres dia após dia, foi deixada. E a mulher samaritana foi salva, juntamente com muitos outros samaritanos que apenas ouviram a pregação de Cristo quando Ele passou ocasionalmente por sua cidade. Assim foi salva a mulher de Canaã, que não era da terra dos judeus, mas certa vez viu Jesus Cristo. Assim os judeus, que haviam visto e ouvido Cristo e visto os Seus milagres, e com quem os apóstolos trabalharam tão arduamente, não foram salvos. Porém, muitos dos gentios que, por assim dizer, ouviram apenas momentaneamente as boas-novas da salvação, as abraçaram e foram convertidos.

e) *Deus exerce a Sua soberania chamando para a salvação algumas pessoas que foram mui hediondamente ímpias e deixando outras que foram morais e religiosas.* Os fariseus eram uma seita muito rígida dentre os judeus. Sua religiosidade era extraordinária (VEJA LUCAS 18:11). Eles não eram, como outros homens, extorsionários, injustos ou adúlteros. Nisso residia a sua moralidade. Eles jejuavam duas vezes por semana e davam o dízimo de tudo que possuíam. Essa era a religiosidade deles. Ainda assim, foram fortemente rejeitados, enquanto publicanos, meretrizes e pessoas notoriamente ímpios entraram no reino de Deus antes deles (VEJA MATEUS 21:31). O apóstolo descreve a justiça dele enquanto era fariseu: "...quanto ao zelo, perseguidor da igreja; quanto à justiça que há na lei, irrepreensível" (FP 3:6). O jovem rico, que se ajoelhou diante de Cristo dizendo: "...Bom Mestre, que farei para herdar a vida eterna?" (MC 10:17), era uma pessoa moral. Quando Cristo lhe ordenou que cumprisse os mandamentos, ele disse — e, em seu próprio ponto de vista, com sinceridade: "...tudo isso tenho observado desde a minha juventude" (v.20). Obviamente, ele havia sido criado em uma boa família e era um jovem de maneiras tão amáveis e comportamento correto que é dito: "Jesus, fitando-o, o amou..." (v.21). Ainda assim ele foi deixado, enquanto o ladrão crucificado com Cristo foi escolhido e chamado, embora na cruz. Por vezes, Deus demonstra a Sua soberania tendo misericórdia do maior dos pecadores, dos que foram assassinos, profanadores e blasfemadores. E, mesmo quando estão idosos, alguns são chamados na décima-primeira hora[8]; por vezes, Deus demonstra a soberania de Sua graça tendo misericórdia de alguns que passaram a maior parte da vida a serviço de Satanás e pouco tempo lhes resta para servir a Deus.

f) *Em salvar alguns dos que buscam a salvação, e não outros.* Como sabemos tanto pelas Escrituras quanto por

---

[8] A décima-primeira hora, para os judeus, equivalia às 17h, que consistia no último horário da jornada de trabalho. O termo aparece na *Parábola dos trabalhadores na vinha*, em Mateus 20:1-15.

observação, alguns que buscam a salvação se convertem logo, enquanto outros buscam durante muito tempo e acabam não a obtendo. Deus ajuda alguns a transpor as montanhas e dificuldades que lhes atrapalham, Ele subjuga Satanás e os livra das suas tentações; outros, porém, são arruinados pelas tentações com que se deparam. Alguns nunca são totalmente despertados, enquanto a outros Deus se agrada em dar convicções perfeitas. A alguns é deixado que o coração se desvie; outros, Deus faz com que resistam até o fim. Alguns são desviados da confiança em sua própria justiça; outros nunca superam esse obstáculo em seu caminho. E são convertidos e salvos alguns que nunca se esforçaram tanto quanto outros que, não obstante, perecem.

5. Agora, exponho as razões pelas quais Deus exerce dessa maneira a Sua soberania na salvação eterna dos filhos dos homens.

a) *Condiz com o desígnio de Deus na criação do Universo de exercer todos os atributos e, assim, manifestar a glória de cada um deles.* O desígnio de Deus na criação era glorificar a si mesmo ou revelar a glória essencial de Sua natureza. Era apropriado que a glória infinita resplandecesse, e foi o desígnio original de Deus manifestar a Sua glória como ela é. Não que fosse Seu desígnio manifestar toda a Sua glória para apreensão das criaturas, porque é impossível a mente das criaturas compreendê-la. Porém, era Seu desígnio manifestar verdadeiramente a Sua glória, de maneira que todo atributo fosse representado. Se Deus glorificasse um atributo e não outro, tal manifestação de Sua glória seria defeituosa, e a representação não seria completa. Se não são manifestados todos os atributos de Deus, a glória de nenhum deles é manifestada tal como é, visto que os atributos divinos refletem a glória mutuamente. Assim, se a sabedoria de Deus fosse manifestada e a Sua santidade não fosse, a glória da Sua sabedoria não seria manifestada como é, porque uma parte da glória do atributo da sabedoria divina é ser uma sabedoria santa. Assim, se a Sua santidade fosse manifestada e a Sua sabedoria não fosse, a glória da Sua santidade não seria manifestada como é, pois algo que pertence à glória da santidade de Deus é ser uma santidade sábia. Assim é no tocante aos atributos de misericórdia e justiça. A glória da misericórdia de Deus não aparece como é se não for manifestada como uma misericórdia justa ou como uma misericórdia consistente com a justiça. Assim também a soberania de Deus reflete a glória em todos os Seus outros atributos. Faz parte da glória da misericórdia de Deus ser uma misericórdia soberana. De modo que todos os atributos de Deus refletem a glória mutuamente. A glória de um atributo não pode ser manifestada, como é, sem a manifestação de outro. Um atributo é defeituoso sem outro e, portanto, a manifestação será defeituosa. Portanto, era a vontade de Deus manifestar todos os Seus atributos. A glória declarativa de Deus nas Escrituras é frequentemente denominada *nome* de Deus, porque declara a Sua natureza. Porém, se o nome de Deus não significar a Sua natureza como ela é, ou não declarar algum atributo, não é um nome verdadeiro. A soberania de Deus é um dos Seus atributos e uma parte da Sua glória. A glória de Deus aparece eminentemente em Sua absoluta soberania sobre todas as criaturas, grandes e pequenas. Se a glória de um príncipe é o seu poder e domínio, a glória de Deus é a Sua absoluta soberania. Nisso aparece a infinita grandeza e majestade de Deus acima de todas as criaturas. Portanto, é a vontade de Deus manifestar a Sua soberania. E, semelhantemente aos Seus outros atributos, a Sua soberania se manifesta ao ser exercida. Ele glorifica o Seu poder no exercício do poder. Ele glorifica a Sua misericórdia no exercício da misericórdia. Portanto, Ele glorifica a Sua soberania no exercício da soberania.

b) *Quanto mais excelente é a criatura sobre a qual Deus é soberano, e quanto maior é o caso em que Ele assim aparece, mais gloriosa é a Sua soberania.* A soberania de Deus em ser soberano sobre os homens é mais gloriosa do que em ser soberano sobre as criaturas inferiores. E a Sua soberania sobre os anjos é ainda mais gloriosa do que a Sua soberania sobre os homens, porque quanto mais nobre é a criatura, maior e mais elevado Deus aparece em Sua soberania sobre ela. Para o homem, é uma honra maior ter domínio sobre os homens do que sobre os animais. E é uma honra ainda maior ter domínio sobre príncipes, nobres e reis do que sobre homens comuns. Assim, a glória da soberania de Deus aparece em Ele ser soberano sobre a alma dos homens, que são criaturas tão nobres e excelentes. Portanto, Deus exercerá a Sua soberania sobre eles. E quanto mais o domínio de uma pessoa se estende sobre outra, maior será a honra. Se um homem tem domínio sobre outro somente em alguns casos, ele não é tão exaltado quanto por ter domínio absoluto sobre a vida, fortuna e tudo o que o outro possui. Assim, a soberania de Deus sobre os homens manifesta-se gloriosa por se estender a tudo que diz respeito a eles. Ele pode dispor deles no tocante a tudo que lhes diz respeito, segundo o Seu próprio prazer. Sua soberania aparece gloriosa por atingir seus assuntos mais importantes, até mesmo o estado e a condição eternos da alma dos homens. A soberania de Deus não ter limites ou fronteiras aparece na medida em que atinge um assunto de tão infinita importância. Portanto, por ser Seu desígnio manifestar a Sua própria glória, Deus deseja exercer e exerce a Sua soberania sobre os homens, alma e corpo, até mesmo nessa importantíssima questão da sua salvação eterna. Deus tem misericórdia de quem Ele quiser e endurece quem Ele quiser.

APLICAÇÃO

1. Consequentemente, aprendemos quão absolutamente dependemos de Deus nessa grande questão da salvação eterna da nossa alma. Nós dependemos não somente de Sua sabedoria para conceber uma maneira de alcançá-la e de Seu poder de fazê-la acontecer, mas também de Sua mera vontade e prazer no assunto. Dependemos da vontade soberana de Deus para tudo que se refere a ela, desde o alicerce até a cumeeira. Foi do prazer soberano de Deus conceber a maneira de salvar qualquer pessoa da humanidade e nos dar Jesus Cristo, Seu Filho unigênito, para ser o nosso Redentor. Por que Ele olhou para nós e nos enviou um Salvador, e não para os anjos caídos? Essa foi a vontade soberana de Deus. Foi do Seu agrado soberano qual meio designar. Ele nos dar a Bíblia e as ordenanças da religião é de Sua graça soberana. Conceder a nós esses meios em vez de a outros, fornecer as influências despertadoras do Seu Espírito e outorgar a Sua graça salvadora, tudo isso é de Seu soberano prazer. Quando

Ele diz: "Haja luz na alma de tal pessoa", essa é uma palavra de poder infinito e graça soberana.

2. Adoremos com a maior humildade a impressionante e absoluta soberania de Deus. Como acabamos de mostrar, é um eminente atributo do Ser Divino que Ele seja soberano sobre um ser tão excelente quanto a alma do homem, e isso em todos os aspectos, até mesmo o de sua salvação eterna. A infinita grandiosidade de Deus e Sua exaltação acima de nós aparecem em nada mais do que em Sua soberania. As Escrituras se referem a isso como uma grande parte de Sua glória.

> *Vede, agora, que Eu Sou, Eu somente, e mais nenhum deus além de mim; eu mato e eu faço viver; eu firo e eu saro; e não há quem possa livrar alguém da minha mão.*
> (DEUTERONÔMIO 32:39)

> *No céu está o nosso Deus e tudo faz como lhe agrada.*
> (SALMO 115:3)

> *...cujo domínio é sempiterno, e cujo reino é de geração em geração. Todos os moradores da terra são por ele reputados em nada; e, segundo a sua vontade, ele opera com o exército do céu e os moradores da terra; não há quem lhe possa deter a mão, nem lhe dizer: Que fazes?*
> (DANIEL 4:34-35)

Nosso Senhor Jesus Cristo louvou e glorificou o Pai por exercer a Sua soberania na salvação dos homens.

Graças te dou, ó Pai, Senhor do céu e da terra, porque ocultaste estas coisas aos sábios e instruídos e as revelaste aos pequeninos. Sim, ó Pai, porque assim foi do teu agrado. (MATEUS 11:25-26)

Demos, portanto, a Deus a glória de Sua soberania adorando Aquele cuja vontade soberana ordena todas as coisas, considerando-nos nada em comparação com Ele. Domínio e soberania exigem humilde reverência e honra do súdito. A soberania absoluta, universal e ilimitada de Deus exige que o adoremos com toda a humildade e reverência possíveis. É impossível exagerarmos na humildade e reverência ao Ser que pode dispor de nós por toda a eternidade conforme lhe agradar.

3. Quem está em estado de salvação deve atribuí-la unicamente à graça soberana e dar todo o louvor Àquele que os torna diferentes de outros. Piedade não é motivo para gloriar-se, a menos que seja em Deus.

...a fim de que ninguém se vanglorie na presença de Deus. Mas vós sois dele, em Cristo Jesus, o qual se nos tornou, da parte de Deus, sabedoria, e justiça, e santificação, e redenção, para que, como está escrito: Aquele que se gloria, glorie-se no Senhor.
(1 CORÍNTIOS 1:29-31)

Tais pessoas não devem, de modo algum, atribuir sua piedade (seu estado e condição de segurança e felicidade) a qualquer diferença natural entre elas e outros homens, ou a qualquer força ou justiça própria. Elas não têm razão para se exaltar minimamente. Deus é o ser a quem devem exaltar. Elas devem exaltar a Deus Pai, que as escolheu em Cristo, que colocou sobre elas o Seu amor e lhes deu a salvação antes de elas nascerem e até mesmo antes de o mundo existir. Se elas perguntam por que Deus colocou Seu amor nelas e as escolheu em vez de outros, se pensam ser capazes de encontrar alguma causa exceto Deus, estão muito enganadas. Tais pessoas devem exaltar ao Deus Filho, que levou o nome delas em Seu coração quando veio ao mundo e foi pregado na cruz e somente em quem elas têm justiça e força. Elas devem exaltar ao Deus Espírito Santo, que, por graça soberana, as chamou das trevas para a maravilhosa luz; que, por Sua própria imediata e livre obra, as conduziu a uma compreensão do mal e perigo do pecado, e as tirou de sua própria justiça, e abriu seus olhos para descobrirem a glória de Deus e as maravilhosas riquezas de Deus em Jesus Cristo, e as santificou, e as fez novas criaturas. Quando elas ouvem falar da maldade dos outros ou observam pessoas perversas, devem pensar quão perversas já foram e quanto provocaram Deus, e como mereceram ser deixadas eternamente por Ele para perecer em pecado, e que somente a graça soberana fez a diferença. O apóstolo, em 1 Coríntios 6:9-10, enumera muitos tipos de pecadores: fornicadores, idólatras, adúlteros, efeminados, sodomitas etc. Em seguida ele afirma: "Tais fostes alguns de vós; mas vós vos lavastes, mas fostes santificados, mas fostes justificados em o nome do Senhor Jesus Cristo e no Espírito do nosso Deus" (1CO 6:11). O povo de Deus tem o maior motivo para gratidão, mais razão para amar a Deus, que lhe concedeu tão grande e indescritível misericórdia por mera vontade soberana.

4. Consequentemente, aprendemos que o nosso motivo para admirar a graça de Deus é que Ele condescenda em se vincular a nós por aliança; que Ele, que é naturalmente supremo em Seu domínio sobre nós, é nosso proprietário absoluto e pode fazer conosco o que quiser, sem qualquer obrigação para conosco; que Ele, por assim dizer, renuncie à Sua liberdade absoluta, deixando de ser meramente soberano em suas dispensações para com os cristãos após eles crerem em Cristo e se comprometendo com o mais abundante consolo deles. De modo que eles podem desafiar a salvação desse Soberano, eles podem exigi-la por meio de Cristo, como dívida. E seria prejudicial à glória dos atributos de Deus negar isso a eles; seria contrário à Sua justiça e fidelidade. Que maravilhosa condescendência há em tal Ser em tornar-se assim vinculado a nós, vermes do pó, para nossa consolação! Ele comprometeu-se por Sua palavra, Sua promessa. Entretanto, não se satisfazendo com isso, Ele aliançou-se por Seu juramento a fim de que pudéssemos ter ainda maior consolação.

> *Pois, quando Deus fez a promessa a Abraão, visto que não tinha ninguém superior por quem jurar, jurou por si mesmo, dizendo: Certamente, te abençoarei e te multiplicarei. E assim, depois de esperar com paciência, obteve Abraão a promessa. Pois os homens juram pelo que lhes é superior, e o juramento, servindo de garantia, para eles, é o fim de toda contenda. Por isso, Deus,*

quando quis mostrar mais firmemente aos herdeiros da promessa a imutabilidade do seu propósito, se interpôs com juramento, para que, mediante duas coisas imutáveis, nas quais é impossível que Deus minta, forte alento tenhamos nós que já corremos para o refúgio, a fim de lançar mão da esperança proposta; a qual temos por âncora da alma, segura e firme e que penetra além do véu, onde Jesus, como precursor, entrou por nós, tendo-se tornado sumo sacerdote para sempre, segundo a ordem de Melquisedeque. (HEBREUS 6:13-20)

Esforcemo-nos, portanto, para nos submeter à soberania do Senhor. Deus insiste em que Sua soberania seja reconhecida por nós, mesmo nessa grande questão da nossa própria salvação eterna, que tão próxima e infinitamente nos diz respeito. Essa é a pedra de tropeço sobre a qual milhares caem e perecem. E, se continuarmos a contender com Deus sobre a Sua soberania, isso será a nossa ruína eterna. É absolutamente necessário que nos submetamos a Deus como nosso soberano absoluto e soberano sobre a nossa alma, como alguém que pode ter misericórdia de quem Ele quiser e endurecer quem Ele quiser.

5. Finalmente: Podemos usar essa doutrina para proteger quem busca a salvação contra dois extremos opostos: presunção e desânimo. Não presuma a misericórdia de Deus e, assim, se incentive a pecar. Muitos ouvem dizer que a misericórdia de Deus é infinita e, por isso, pensam que, se adiarem a busca da salvação para o presente e a buscarem no futuro, Deus lhes concederá a Sua graça. Porém, considere que, embora a graça de Deus seja suficiente, Ele é soberano e, segundo o Seu próprio prazer, decidirá se salvará ou não. Se você adiar a salvação até o futuro, ela não estará em seu poder. Você a obter, ou não, ocorrerá conforme agradar ao Deus soberano. Vendo, portanto, que, no tocante a esse assunto, você é tão completamente dependente de Deus, o melhor é seguir a Sua orientação para buscá-la, que é ouvir a Sua voz hoje: "...Hoje, se ouvirdes a sua voz, não endureçais o vosso coração..." (HB 3:15). Cuidado também com o desânimo. Atente para pensamentos de desespero, visto que você é um grande pecador, perseverou no pecado durante muito tempo, apostatou e resistiu ao Espírito Santo. Lembre-se de que, seja qual for o seu caso, se você, um grande pecador, não pecou contra o Espírito Santo, Deus pode lhe conceder misericórdia sem o mínimo prejuízo à honra da Sua santidade, que você ofendeu, ou à honra da Sua majestade, que você insultou, ou da Sua justiça, da qual você fez sua inimiga, ou da Sua verdade, ou de qualquer dos Seus atributos. Seja você o pecador que for, Deus pode, se quiser, glorificar-se grandemente em sua salvação.

SUMÁRIO

REFERÊNCIA

- Romanos 9:18. Observamos no texto o tratamento diferente de Deus para com os homens. Ele tem misericórdia de alguns e endurece o coração de outros.

- A base de Seus diferentes relacionamentos com a humanidade, a saber, Sua vontade e deleite soberanos.

DOUTRINA

Deus exerce a Sua soberania na salvação eterna dos homens.

- A soberania de Deus é o Seu absoluto e independente direito de dispor de todas as criaturas conforme a Sua própria vontade.
- A vontade de Deus é chamada de Seu mero prazer:
    Em oposição a qualquer limitação,
    Em oposição a estar sob a vontade de outro,
    Em oposição a qualquer obrigação peculiar.
- O que implica a soberania de Deus na salvação dos homens.
    Deus pode, sem prejuízo da glória de qualquer de Seus atributos, conceder salvação a qualquer um dos filhos dos homens, exceto aos que pecarem contra o Espírito Santo.
    Deus pode salvar qualquer um deles sem prejuízo da honra de Sua santidade.
    Deus pode salvar qualquer um dos filhos dos homens, sem prejuízo da honra de Sua majestade.
    Deus pode salvar qualquer pecador de maneira consistente com a Sua justiça.
    Deus pode salvar qualquer pecador, sem prejuízo da honra de Sua verdade.
    Deus pode recusar a salvação a qualquer pecador, sem prejuízo da honra de qualquer de Seus atributos.

Deus pode negar a salvação a qualquer pessoa natural sem qualquer dano à honra de Sua justiça.

Deus pode negar a salvação a qualquer pessoa não convertida, sem qualquer prejuízo à honra de Sua bondade.

Isso não é, de modo algum, prejudicial à honra da fidelidade de Deus.

- Deus exerce, de fato, a Sua soberania na salvação dos homens.

  Em chamar um só povo ou nação e lhes conceder os meios da graça e deixando os demais sem tais meios.

  Nas vantagens que Ele confere a determinadas pessoas.

  Em, por vezes, conceder a salvação aos humildes e vis e negá-la aos sábios e ilustres.

  Em conceder a salvação a alguns que tiveram poucas vantagens.

  Em chamar para a salvação alguns que foram mui hediondamente ímpios e deixar outros que foram pessoas morais e religiosas.

  Em salvar alguns dos que buscam a salvação, e não outros.

- As razões para tal exercício.

  Está em conformidade com o desígnio de Deus na criação do Universo de exercer todos os atributos e, assim, manifestar a glória de cada um deles.

  Quanto mais excelente é a criatura sobre a qual Deus é soberano, e quanto maior é a questão em que assim Ele se manifesta, mais gloriosa é a Sua soberania.

APLICAÇÃO

- Consequentemente, aprendemos quão absolutamente dependemos de Deus nessa grande questão da salvação eterna de nossa alma.
- Adoremos com a maior humildade a terrível e absoluta soberania de Deus.
- Quem está em um estado de salvação deve atribuí-la unicamente à graça soberana e dar todo o louvor Àquele que o torna diferente dos outros.
- Consequentemente, aprendemos que o nosso motivo para admirar a graça de Deus é que Ele condescenda em se comprometer conosco por aliança etc. Esforcemo-nos, portanto, para nos submeter à soberania de Deus.
- Para proteger quem busca a salvação contra dois extremos opostos — a presunção e o desânimo.

OS PERVERSOS SÓ SÃO ÚTEIS PARA A SUA PRÓPRIA DESTRUIÇÃO[9]

Filho do homem, por que mais é o sarmento de videira que qualquer outro, o sarmento que está entre as árvores do bosque? Toma-se dele madeira para fazer alguma obra? Ou toma-se dele alguma estaca, para que se lhe pendure algum objeto? Eis que é lançado no fogo, para ser consumido; se ambas as suas extremidades consome o fogo, e o meio dele fica também queimado, serviria, acaso, para alguma obra? (EZEQUIEL 15:2-4)

A qui, a Igreja visível do Senhor é comparada à videira, conforme evidenciado pela explicação dada pelo próprio Deus para a alegoria.

---

[9] Julho de 1734.

Portanto, assim diz o Senhor Deus: Como o sarmento da videira entre as árvores do bosque, que dei ao fogo para que seja consumido, assim entregarei os habitantes de Jerusalém. Voltarei o rosto contra eles; ainda que saiam do fogo, o fogo os consumirá; e sabereis que eu sou o Senhor, quando tiver voltado o rosto contra eles. Tornarei a terra em desolação, porquanto cometeram graves transgressões, diz o Senhor Deus. (EZEQUIEL 15:6-8)

E isso pode ser entendido para a humanidade em geral. Nas Escrituras, o homem é frequentemente comparado à videira.

- "Porque a sua vinha é da vinha de Sodoma e dos campos de Gomorra; as suas uvas são uvas de veneno, seus cachos, amargos" (DT 32:32).
- "Trouxeste uma videira do Egito" (SL 80:8) — "...olha do céu, e vê, e visita esta vinha" (v.14).
- "...as raposinhas, que devastam os vinhedos, porque as nossas vinhas estão em flor" (CT 2:15).
- "O meu amado teve uma vinha [...] e a plantou de vides escolhidas" (IS 5:1-2).
- "Eu mesmo te plantei como vide excelente" (JR 2:21).
- "Israel é vide luxuriante" (OS 10:1).
- Os cristãos visíveis, em João 15, são comparados aos ramos de uma videira.

O homem é muito adequadamente representado pela videira. A fraqueza e dependência da videira de outras coisas que a sustentem representa bem para nós como o homem é uma criatura pobre, débil e dependente, e como, se deixado por sua própria conta, obrigatoriamente cairá em prejuízo moral sem conseguir evitá-lo. O povo visível de Deus é apropriadamente comparado a uma videira devido ao cuidado e cultivo do lavrador ou vinhateiro. O negócio dos lavradores da terra de Israel residia principalmente em suas vinhas, girava em torno de videiras. E o cuidado que eles tinham para cercá-las, defendê-las, podá-las, dar-lhes sustentação e cultivá-las representava bem o cuidado misericordioso que Deus exerce para com o Seu povo visível. Nas Escrituras, frequentemente o povo é expressamente comparado a vinhas.

Nas palavras lidas agora, está representado:

a) *Quão totalmente sem sentido e inútil, ainda mais do que outras árvores, é uma videira em caso de não dar frutos:* "...que mais é o sarmento de videira que qualquer outro, o sarmento que está entre as árvores do bosque?" (EZ 15:2) — isto é, se não der frutos. Os homens valorizam muito mais uma videira do que as outras árvores. Eles cuidam muito de protegê-la, tratar o solo em torno dela, podá-la e coisas semelhantes. Ela é muito mais fortemente estimada do que qualquer uma das árvores da floresta. Em comparação a videira, elas são desprezadas. E, se der frutos, ela é realmente muito preferível a outras árvores, porque o fruto produz um licor nobre, como diz a parábola de Jotão: "...a videira lhes respondeu: Deixaria eu o meu vinho, que agrada a Deus e aos homens...?" (JZ 9:13).

Porém, se não der frutos, ela é mais inútil do que as árvores da floresta, visto que a madeira destas é boa para lenha, mas a madeira da videira não serve para coisa alguma, como diz o texto: "Toma-se dele madeira para fazer alguma obra? Ou toma-se dele alguma estaca, para que se lhe pendure algum objeto?" (EZ 15:3).

b) *Em caso de esterilidade, a única coisa para qual uma videira serve é para ser combustível:* "Eis que é lançado no fogo, para ser consumido" (EZ 15:4). Ela é totalmente consumida. Nenhuma parte dela vale a pena ser guardada, pois não serviria para fazer qualquer instrumento ou para qualquer trabalho.

DOUTRINA

Se os homens não produzem frutos para Deus, são totalmente inúteis, senão para serem destruídos.

Para comprovar essa doutrina, demonstrarei: *Primeiro*, que é muito evidente que só pode haver duas maneiras pelas quais o homem pode ser útil: ou em ação, ou em receber a ação e ser descartado. *Segundo*, que esse homem não pode ser ativamente útil de outra maneira senão dando frutos para Deus. *Terceiro*, que, se ele não dá frutos para Deus, não há outra maneira pela qual ele possa ser passivamente útil senão sendo destruído. *E por último*, que desta maneira mencionada, ele pode ser útil sem dar frutos.

1. Há somente duas maneiras pelas quais o homem pode ser útil, a saber, *em ação* **ou em** *receber a ação*.
Se o homem é um tipo útil de criatura, precisa sê-lo ativa ou passivamente; não há meio-termo. Se ele é útil para qualquer propósito, deve ser agindo ou sendo eliminado por algum outro, fazendo ele mesmo algo para aquele propósito ou algum outro fazendo algo em relação a ele para tal propósito. O que pode ser mais claro do que, se o homem não faz nada por si mesmo e nada é feito com ele ou quanto

a ele por qualquer outro, ele não poder ser útil de modo algum? Se o homem não fizer coisa alguma para promover o objetivo da sua existência e nenhum outro ser fizer coisa alguma com ele para promover esse fim, nada será feito para promovê-lo; assim, tal homem só poderia ser totalmente inútil. De modo que existem somente duas maneiras pelas quais o homem pode ser útil para qualquer propósito, a saber, ativa ou passivamente, fazendo algo por si mesmo ou algo lhe sendo feito.

2. O homem não pode ser útil *ativamente*, a não ser para produzir frutos para Deus, servir a Deus e viver para Sua glória.

Essa é a única maneira pela qual ele pode ser útil ao fazer algo, e isso porque a glória de Deus é exatamente para o que o homem foi criado, ao qual todos os outros fins são subordinados. O homem não é um ser independente: deriva seu ser de Outro e, portanto, tem seu fim designado por Aquele outro. E Aquele que lhe deu o seu ser o fez para o fim ora mencionado. Esse foi o próprio desígnio e objetivo do Autor do homem. Esta foi a obra para a qual Ele o fez: para servir e glorificar ao seu Criador.

As outras criaturas são feitas para propósitos inferiores. As criaturas inferiores foram feitas para propósitos inferiores. Porém, deve-se observar que o homem é a criatura mais elevada e mais próxima de Deus do que qualquer outra deste mundo inferior. Portanto, o seu relacionamento é com Deus, embora outras criaturas sejam feitas para fins inferiores. Pode-se observar uma espécie de gradação, ou ascensão gradual, na ordem dos diferentes tipos de criaturas, do menor torrão de terra até o homem, que tem uma alma racional e imortal. Uma planta, erva ou árvore é de natureza superior a uma pedra ou um torrão, porque tem uma vida vegetal. As feras estão um grau ainda mais elevado, porque têm vida sensível. O homem, porém, possuindo uma alma racional, é o mais elevado desta criação inferior e está próximo a Deus. Portanto, o seu relacionamento é com Deus.

As coisas inanimadas, como terra, água etc., são subservientes às coisas que lhes são superiores, como a grama, as ervas e as árvores. Esses vegetais são subservientes à ordem de criaturas que estão logo acima deles: os animais. Eles servem como comida para esta. Os animais, repito, são feitos para o uso e serviço da ordem superior a elas. Elas são feitas para o serviço da humanidade. Porém, sendo o homem o mais elevado desta criação inferior, no próximo grau acima dele está Deus. Ele foi, portanto, feito para o serviço e a glória de Deus. Esse é todo o trabalho e relacionamento do homem; é o seu fim mais elevado, ao qual todos os outros fins estão subordinados.

Se não fosse para esse fim, jamais haveria existido qualquer tipo de criatura como o homem, não haveria ocasião para isso. Outros fins inferiores também podem ser atendidos, sem qualquer criatura como o homem. Não haveria qualquer tipo de motivo para criar uma criatura tão nobre, e dotá-la de tais faculdades, apenas para usufruir de bens terrenos, comer e beber, e desfrutar de coisas sensuais. As criaturas brutas, desprovidas de razão, são capazes dessas coisas, tanto quanto o homem. Sim, se nenhum fim mais elevado for visado senão desfrutar do bem sensível, a razão é mais um obstáculo do que uma ajuda. Ela apenas torna o homem mais capaz de se afligir com cuidados, medos da morte ou de outros males futuros e de se aborrecer com muitas ansiedades das quais as criaturas brutas estão totalmente livres e, portanto, podem gratificar seus sentidos com menos incômodo. Além disso, a razão apenas torna os homens mais capazes de importunar e impedir uns aos outros na gratificação de seus sentidos. Se o homem não tem outro fim a buscar senão satisfazer aos seus sentidos, a razão nada mais é do que um impedimento.

Portanto, se o homem não é feito para servir e glorificar ao seu Criador, é totalmente inútil tal criatura ter sido criada. Sem dúvida, então, o Deus onisciente, que faz tudo com infinita sabedoria, fez o homem para esse fim. E isso está em concordância com o que Ele nos ensina em muitos lugares das Escrituras. Esse é o grande fim para o qual o homem foi criado, para o qual foi feita uma criatura tal como ele é, possuindo corpo e alma, sentidos corporais e faculdades racionais. Para isso ele é colocado nas circunstâncias em que é posto, e a Terra lhe é dada como possessão. Para isso ele recebeu domínio sobre as demais criaturas deste mundo. Para isso o Sol brilha sobre ele, a Lua e as estrelas lhe são por sinais e estações, a chuva cai sobre ele e a terra lhe fornece o seu produto.

Todos os outros fins do homem estão subordinados a isso. Há fins inferiores para os quais o homem foi feito. Os homens foram criados uns para os outros, para seus amigos e vizinhos, e para o bem do público. Porém, todos esses fins inferiores são designados para serem subordinados ao objetivo superior de glorificar a Deus. Portanto, o homem não pode ser ativamente útil, ou responder ativamente a qualquer propósito, senão glorificando ativamente a Deus ou dando frutos para Ele. Porque:

a) *Não é ativamente útil o que não atende ativamente ao seu fim.* Aquilo que não atende ao seu fim é inútil, visto que este é o significado da proposição: que tudo é em vão. Assim, aquilo que não atende ativamente ao seu fim é, quanto à sua própria atividade, em vão.

b) *É totalmente inútil quanto à sua própria atividade o que responde ativamente apenas a fins subordinados, sem atender ao fim último, porque o fim último é o fim dos fins subordinados.* A noção de um fim supremo é que ele é o fim de todos os fins inferiores. Os fins subordinados só têm propósito quando estão relacionados ao fim mais elevado. A própria noção de um fim subordinado é que ele serve a um fim posterior. Portanto, esses fins inferiores de nada servem, embora sejam cumpridos, a menos que também cumpram o fim deles. Fins inferiores não são destinados a si mesmos, mas somente ao fim último. Portanto, quem falha em seu grande fim definitivo, falha totalmente em seu próprio fim e é tão sem propósito quanto se não tivesse cumprido o seu objetivo subordinado.

Ilustrarei isso com dois ou três exemplos. O fim subordinado do alicerce de uma casa é sustentar a casa, e o fim subordinado das janelas é deixar a luz entrar. Porém, o objetivo final do todo é o benefício dos habitantes. Portanto, se a casa nunca for habitada, o todo é em vão. O alicerce é em vão, por mais forte que seja e que apoie o edifício muito bem. As janelas também são totalmente inúteis, ainda que sejam muito grandes e transparentes e cumpram o fim subordinado de deixar a luz entrar: elas são tão em vão quanto se não deixassem entrar luz.

Assim, o fim subordinado do lavrador em arar, semear e adubar bem o seu campo é que este produza uma safra. Porém, o seu objetivo final é fornecer alimento para ele e sua família. Portanto, embora o seu fim inferior seja cumprido e seu campo produza uma safra muito boa, se após tudo isso o campo for consumido por incêndio ou destruído de outra maneira, ele arou e semeou seu campo em vão, tanto quanto se as sementes nunca houvessem germinado.

Então, se o homem cumprir totalmente os seus fins subordinados, mas falhar totalmente em seu objetivo final, será uma criatura totalmente inútil. Assim, se os homens são muito úteis nas coisas temporais para a sua família ou promovem grandemente o interesse temporal da vizinhança ou do público, mas nenhuma glória é trazida a Deus por isso, eles são totalmente inúteis. Se os homens não dão ativamente glória a Deus, são, quanto à sua própria atividade, totalmente inúteis, por mais que promovam benefício mútuo. Por mais que uma parte da humanidade possa servir a outra, se o fim do todo não for cumprido, todas as partes são inúteis.

Assim, se as peças de um relógio servem muito bem umas às outras, auxiliando-se mutuamente em seus movimentos, com uma engrenagem movendo a outra regularmente, se o movimento nunca chegar ao ponteiro ou à campainha, o relógio é totalmente tão inútil quanto se estivesse parado. Assim como, em um relógio, uma engrenagem move outra e esta, ainda outra até o movimento finalmente chegar ao ponteiro e à campainha, que imediatamente se relacionam ao olho e ao ouvido (caso contrário todos os movimentos são em vão), assim ocorre no mundo: um homem foi criado para ser útil a outro, e uma parte da humanidade à outra.

Contudo, a utilidade do todo é glorificar a Deus, o Criador; caso contrário, tudo será em vão. E, embora um homem possa servir dentre seus semelhantes em uma função privada ou pública, no todo ele é em vão.

c) *Talvez se possa objetar que, por ser prestativo ao público, um ímpio pode ser útil a muitos que dão frutos para Deus, e assim glorificá-lo.*

RESPOSTA 1 — Se ele for assim, a sua utilidade se resume em glorificar a Deus. Tudo tem um relacionamento final com a glória dada a Deus, e aí termina a sua utilidade, assim como não é mais útil o movimento de engrenagem alguma de um relógio após finalmente produzir o apontar correto do ponteiro e o soar da campainha.

RESPOSTA 2 — Quando é assim, os ímpios são úteis apenas acidentalmente, não intencionalmente. Embora um ímpio possa, por ser prestativo a homens bons, fazer o que será vantajoso para eles ao darem frutos para Deus, essa prestatividade não é o seu objetivo. Este não é o seu fim. Ele não visa um objetivo final. E, independentemente de como esse fim seja alcançado, nenhum agradecimento lhe é devido, sendo-lhe como que acidental. Ele é apenas a ocasião, não a causa da concepção. O fruto produzido para a glória de Deus não é produzido por ele, e sim por outros.

A utilidade de tal homem, não sendo planejada, não deve ser atribuída a ele como se fosse seu fruto. Ele não é útil como homem ou como criatura racional, porque não foi concebido para ser assim. Ele é tão útil quanto coisas inanimadas.

Coisas inanimadas podem ser úteis a fim de fornecer ao piedoso vantagens para produzir frutos, como a madeira e as pedras com que sua casa é construída, a lã e o linho com que está vestido. Mas de modo algum se pode dizer que o fruto produzido para glória de Deus é o fruto dessas coisas inanimadas, e sim do homem piedoso que faz uso delas. Assim ocorre quando homens ímpios concedem aos piedosos vantagens para glorificar a Deus, como fizeram Ciro, Artaxerxes e outros.

3. Se os homens não dão fruto para Deus, não há outra maneira pela qual possam ser úteis passivamente, senão sendo destruídos. Eles não são adequados para outros fins.

a) *Eles não são adequados para que sua continuidade neste mundo seja sempre tolerada. Deus tolera que eles vivam neste momento, mas apenas durante certo tempo.* Eles estão aqui em estado transitório. Não é adequado que este mundo seja a morada constante daqueles que não dão fruto para Deus. Não é adequado permitir que a árvore estéril sempre permaneça na vinha. O lavrador a deixa descansar durante algum tempo até cavar ao seu redor, adubá-la e comprovar que ela é incurável ou até chegar o momento conveniente para cortá-la. Porém, não é adequado tal árvore permanecer sempre aqui. Não é apropriado tolerar que quem não dá fruto para Deus viva sempre em um mundo tão cheio da bondade de Deus, ou que Sua bondade seja gasta com eles para sempre.

Embora seja caído e esteja sob maldição, e seja um lugar miserável em comparação ao que já foi, este mundo ainda está cheio das torrentes da bondade divina. Porém, não é adequado que quem não dá fruto para Deus deva sempre continuar a participar dessas torrentes. Há três estados diferentes: um estado em que tudo é bom, que é o estado dos bem-aventurados no Céu; um estado em que há uma mistura de bem e mal, que é o estado terreno, e um estado em que nada existe senão o mal, que é o estado de destruição e condenação eternas. Ora, quem não dá fruto para Deus não é adequado para qualquer dos primeiros. Não é apropriado eles continuarem a desfrutar de qualquer fração da bondade de Deus.

Não é adequado que uma criatura inútil e infrutífera, que não glorificará o seu Criador, viva sempre aqui para devorar os frutos da terra e consumir os frutos da divina generosidade, ter as coisas boas desta vida, como a lã de Deus e Seu linho, milho, vinho e óleo gastos com ela em vão. Enquanto um homem vive neste mundo, as outras criaturas do mundo estão sujeitas a ele. As criaturas brutas o servem com seu trabalho e com a vida. O Sol, a Lua e as estrelas, as nuvens, os campos e as árvores, todos o servem. Porém, não é adequado fazer com que essas criaturas sempre sirvam a ele, que não dá fruto para o Criador. Por que Deus deve sempre manter as Suas criaturas em sujeição à pessoa que não se sujeitará a Ele? Por que a criação deve ser sempre mantida no cativeiro, ao ponto de estar sujeita aos ímpios? As criaturas são submetidas à vaidade durante algum tempo. Deus as sujeitou a ímpios e as deu para seu uso. Entretanto, Ele não haveria feito isso senão durante pouco tempo, e as criaturas podem suportar isso pela esperança de se aproximar da libertação. Caso contrário, haveria sido intolerável. "Pois a criação está sujeita à vaidade, não voluntariamente, mas por causa daquele que a sujeitou, na esperança..." (RM 8:20-21).

A criatura, por assim dizer, geme devido à sua sujeição aos ímpios, embora seja apenas durante algum tempo. "Porque sabemos que toda a criação, a um só tempo, geme e suporta angústias até agora" (RM 8:22). Portanto, certamente não seria adequado os ímpios, que não fazem bem e não dão fruto para Deus, viverem aqui sempre e ter as diversas criaturas subservientes a eles, como elas são agora. A Terra mal consegue suportar os ímpios durante o curto período em que eles permanecem aqui, estando pronta para vomitá-los. Portanto, de modo algum é apropriado que ela seja forçada a suportá-los sempre.

Homens que não dão fruto para Deus são opressores do solo. "...para que está ela ainda ocupando inutilmente a terra?" (LC 13:7). Assim, Deus não pode ser glorificado em manter pessoas infrutíferas. Se fosse tolerado que tais homens vivessem sempre em um estado como esse, isso estaria tão longe de ser para glória de Deus que seria uma depreciação da Sua sabedoria mantê-los em um estado tão inadequado para eles, desperdiçando para sempre os frutos de Sua generosidade para com eles. Seria também uma depreciação à Sua justiça, porque este é um mundo onde "Tudo sucede igualmente a todos: o mesmo sucede ao justo e ao perverso..." (EC 9:2). Se não houvesse para os ímpios outro estado senão este, a justiça não poderia acontecer. Isso também se refletiria sobre a santidade de Deus. Sustentar eternamente este mundo como habitação de tais pessoas e continuar eternamente a transmitir a eles Sua generosidade e bondade faria parecer que Ele estaria disposto a admitir e incentivar o pecado e a impiedade.

b) *Se os homens não produzem frutos para Deus, não são adequados para adentrarem no Céu.* Mais do que todos os outros lugares, o Céu é o lugar mais impróprio para eles. Tudo relativo a essa situação é inadequado para eles. A companhia é a mais inadequada. Os habitantes originais daquele mundo são os anjos. Porém, que união desagradável seria a de homens perversos e anjos na mesma sociedade! As tarefas daquele mundo são-lhes inadequadas. Tais tarefas são servir e glorificar a Deus. Quão inadequado seria, então, plantar naquele paraíso celestial árvores estéreis, que não produziriam frutos para a glória divina? Os deleites do Céu são-lhes inadequados, pois eles são santos e espirituais: a felicidade de contemplar a glória de Deus e louvar o Seu nome, e coisas semelhantes. Porém, esses prazeres são os mais inapropriados possíveis para as mentes terrenas e carnais dos homens iníquos. Tais deleites não lhes seriam um prazer. Pelo contrário, seriam extremamente desagradáveis e desprazerosos, totalmente nauseantes.

O desígnio do Céu não é adequado para eles. O desígnio de Deus ao criar o Céu era ele ser um lugar de santa habitação para recompensa dos justos, não uma habitação para ímpios. Agrediria fortemente a sabedoria de Deus colocar ímpios ali, pois seria a maior confusão. Porém, Deus não é autor de confusão (VEJA 1 CORÍNTIOS 14:33). Seria contrário à santidade de Deus levar ímpios para tão perto de si, à Sua gloriosa presença, para habitar eternamente naquela parte da criação que é, por assim dizer, o Seu próprio palácio e sentar-se à Sua mesa. Lemos no Salmo 5: "Pois tu não és Deus que se agrade com a iniquidade, e contigo não subsiste o mal" (v.4). Portanto, sem dúvida seria impossível o objetivo da existência dos ímpios ser, de alguma maneira, atendido por sua admissão no Céu.

4. Homens que não dão fruto para Deus podem ser úteis, mesmo sofrendo destruição.
Embora não sejam úteis ativamente ou por qualquer coisa que façam, eles podem ser úteis no que possam sofrer, como uma árvore estéril que é inútil na vinha, mas pode ser bom combustível e muito útil no fogo. Deus pode encontrar utilidade para os homens mais perversos. Ele tem uso para vasos de ira tanto quanto para vasos de misericórdia, assim como em uma casa há vasos para desonra e vasos para honra. "...numa grande casa não há somente utensílios de ouro e de prata; há também de madeira e de barro. Alguns, para honra; outros, porém, para desonra" (2TM 2:20). "O Senhor fez todas as coisas para determinados fins e até o perverso, para o dia da calamidade" (PV 16:4). Observarei brevemente quais fins Deus realiza com isso.

a) *Em sua destruição, as pessoas infrutíferas são úteis para a glória da justiça de Deus.* Foi a vontade de Deus glorificar a Sua justiça, bem como a Sua misericórdia, em Suas criaturas. A justiça vingadora de Deus é um atributo glorioso, assim como a Sua misericórdia. E a glória desse atributo aparece na destruição e ruína eternas dos estéreis e infrutíferos.

A glória da justiça divina na perdição dos ímpios aparece como maravilhosa e gloriosa aos olhos dos santos e anjos do Céu. Por isso, é relatado que eles cantam louvores a Deus e exaltam a Sua justiça ao ver os terríveis julgamentos que Ele inflige aos ímpios. "Tu és justo, tu que és e que eras, o Santo, pois julgaste estas coisas; porquanto derramaram sangue de santos e de profetas, também sangue lhes tens dado a beber; são dignos disso" (AP 16:5-6).

> *Depois destas coisas, ouvi no céu uma como grande voz de numerosa multidão, dizendo: Aleluia! A salvação, e a glória, e o poder são do nosso Deus, porquanto verdadeiros e justos são os seus juízos, pois julgou a grande meretriz que corrompia a terra com a sua prostituição e das mãos dela vingou o sangue dos seus servos.* (APOCALIPSE 19:1-2)

b) *Em sua destruição, as pessoas infrutíferas são úteis para Deus glorificar a Sua majestade sobre elas.* A terrível majestade de Deus aparece notavelmente nas espantosas e surpreendentes punições que Ele inflige a quem se levanta contra Ele e o despreza. Uma percepção da majestade de um príncipe terreno é apoiada, em grande parte, por uma concepção de ser terrível afrontá-lo. Deus glorifica a Sua própria majestade na destruição dos ímpios. Nisso Ele aparece como infinitamente grande, no sentido de que parece ser infinitamente terrível ofendê-lo. Quão terrível se apresenta a majestade de Deus no pavor de Sua ira! Podemos aprender, no versículo a seguir, uma finalidade da condenação dos ímpios:

> *Que diremos, pois, se Deus, querendo mostrar a sua ira e dar a conhecer o seu poder, suportou com muita longanimidade os vasos de ira, preparados para a perdição?* (ROMANOS 9:22)

Frequentemente se diz que Deus é um Deus terrível. Faz parte de Sua majestade e glória ser um Deus terrível. Deus diz a faraó que Ele o levantou para poder demonstrar nele o Seu poder e para que o Seu nome fosse anunciado por toda a terra na destruição daquele governante (VEJA ÊXODO 9:15-16). E mais adiante, mediante tal juízo, Deus afirma: "...serei glorificado em Faraó e em todo o seu exército, nos seus carros e nos seus cavalarianos" (ÊX 14:17).

c) *A destruição dos infrutíferos é útil para dar aos santos uma maior percepção de sua felicidade e da graça de Deus para com eles.* Os ímpios serão destruídos e atormentados aos olhos dos santos e de outros habitantes do Céu. Isso nos é ensinado nos seguintes versículos:

> *Esse beberá do vinho da cólera de Deus, preparado, sem mistura, do cálice da sua ira, e será atormentado com fogo e enxofre, diante dos santos anjos e na presença do Cordeiro.* (APOCALIPSE 14:10)

> *Eles sairão e verão os cadáveres dos homens que prevaricaram contra mim; porque o seu verme nunca morrerá, nem o seu fogo se apagará; e eles serão um horror para toda a carne.* (ISAÍAS 66:24)

Quando os santos no Céu olharem para os condenados no inferno, isso servirá para lhes dar uma maior percepção de sua própria felicidade, ao verem que a situação daqueles outros é muito diferente da sua própria. A visão da triste condição dos condenados fará com que eles valorizem ainda mais a sua própria bem-aventurança. Quando virem quão terrível é a ira de Deus, isso fará com que valorizem ainda mais o Seu amor. Eles se regozijarão muito mais por não serem objetos da ira de Deus, e sim do Seu favor, visto que não são objetos da Sua terrível ira, e sim tratados como Seus filhos e levados para perto dele para habitar nos eternos abraços de Seu amor.

Ao verem o sofrimento dos condenados, isso lhes dará uma maior percepção da graça e do amor distintivos de Deus para com eles; de que, durante toda a eternidade, Deus colocará o Seu amor sobre eles e fará uma distinção muito grande entre eles e os outros que são da sua mesma espécie, não são piores do que eles por natureza e não mereceram nada pior de Deus do que eles. Ao verem o sofrimento dos condenados e considerarem quão diferente é o estado destes comparado ao seu próprio estado, e que somente a livre e soberana graça faz a diferença, que grande percepção isso lhes dará da maravilhosa graça de Deus para com eles! E como isso fará aumentar os seus louvores! Com muito maior admiração e exultação de alma, eles cantarão sobre a livre e soberana graça de Deus para com eles!

Quando eles olharem para os condenados e virem a miséria deles, como o Céu vibrará com os louvores da justiça de Deus para com os ímpios e da Sua graça para com os santos! E com quanto maior fervor eles louvarão a Jesus Cristo, seu Redentor, por ter se agradado de colocar sobre eles o Seu amor, o Seu amor até a morte (VEJA FILIPENSES 2:8), e por Ele os haver distinguido a ponto de derramar o Seu sangue e fazer de Sua alma uma oferta para redimi-los de tão grande sofrimento, levando-os a tão extrema felicidade!

Com que amor e êxtase eles cantarão esta canção:

Digno és de tomar o livro e de abrir-lhe os selos, porque foste morto e com o teu sangue compraste para Deus os que procedem de toda tribo, língua, povo e nação e para o nosso Deus os constituíste reino e sacerdotes.
(APOCALIPSE 5:9-10)

Um fim mencionado pelo apóstolo para Deus ter designado vasos de ira é tornar ainda mais conhecida a maravilha de Sua misericórdia para com os santos.

Que diremos, pois, se Deus, querendo mostrar a sua ira e dar a conhecer o seu poder, suportou com muita longanimidade os vasos de ira, preparados para a perdição... (ROMANOS 9:22)

Esse é um fim, e o outro é mencionado imediatamente a seguir:

...a fim de que também desse a conhecer as riquezas da sua glória em vasos de misericórdia, que para glória preparou de antemão. (ROMANOS 9:23)

APLICAÇÃO

1. Por isso podemos aprender como Deus é justo na destruição de quem não dá fruto para Ele.
Visto não haver outra maneira pela qual eles possam ser úteis ou a finalidade de sua existência poder ser obtida, certamente

é muito justo que Deus se livre deles. Por que Deus deveria ter Seu fim frustrado pela perversidade deles? Se os homens não quiserem fazer a obra para a qual Ele os criou e habilitou e se, por meio de um espírito de oposição e rebelião contra Deus, eles se recusarem, por que o Senhor deveria se sujeitar a ficar decepcionado com o propósito para o qual os criou? Não é adequado à infinita grandeza e majestade de Deus sujeitar-se a ser desapontado e frustrado pela impiedade e perversidade de pecaminosos vermes do pó. Se Deus se sujeitasse, isso pareceria demonstrar uma falta de sabedoria em Deus para se fixar em um fim bom ou uma falta de poder para realizá-lo.

Deus fez todos os homens para que fossem úteis. Se não forem úteis em sua conduta e seus atos, quão justo é que Deus os torne úteis em seus sofrimentos! Deus fez todos os homens para a Sua própria glória. Se eles, contrariamente à vontade revelada de Deus, recusarem-se a glorificá-lo ativa e voluntariamente, quão justo é que Deus se glorifique neles naquilo que Ele lhes fizer!

Foi demonstrado que não há outra maneira de fazer isso senão destruindo-os. Certamente, portanto, só pode ser justo e reto Deus destruí-los.

Os homens não têm uma necessidade natural de serem usados para glorificar a Deus em seus sofrimentos. Deus lhes dá oportunidade de glorificá-lo no realizar, no dar frutos. Ele lhes dá vantagens para isso e usa muitos meios para levá-los a isso. Porém, se eles não quiserem ser úteis dessa maneira, é muito justo que Deus os torne úteis pela única maneira restante em que podem ser úteis: sua destruição. Deus não é inclinado a usá-los dessa maneira. Ele nos diz: "...não tenho prazer na morte do perverso, mas em que o perverso se converta do seu caminho e viva" (EZ 33:11). Deus representa a destruição dos pecadores como uma obra à qual Ele não se inclina; contudo, é justo que eles sejam destruídos em vez de frustrar Deus quanto à finalidade de seu ser. Quem pode culpar o lavrador por cortar e queimar uma árvore estéril após cavar ao seu redor, adubá-la e usar todos os meios adequados para torná-la frutífera?

Considerem isso aqueles de nós que viveram toda a vida até agora inutilmente e nunca produziram qualquer fruto para a glória de Deus, não obstante todos os meios usados para com eles. Considere como seria justo se Deus o destruísse totalmente e se glorificasse em você dessa maneira, e que maravilha de paciência é Deus não o ter feito antes.

2. Esse assunto deve levá-los a examinar a si mesmos, perguntando-se se não são criaturas totalmente inúteis.
Você já ouviu falar que quem não dá fruto para Deus é totalmente inútil quanto a qualquer bem que faça. Pergunte-se, portanto, se alguma vez em sua vida produziu algum fruto para Deus. Você já fez algo por um gracioso respeito a Deus ou por amor a Ele? Buscando apenas os seus interesses mundanos, você não produz frutos para o Senhor. Não é dar fruto para Deus você ir ao culto no domingo, orar em sua família e outras coisas semelhantes, meramente em conformidade com o costume geral. Não é dar fruto para Deus você ser sensato, moral e religioso, apenas para ser visto pelos homens ou por respeito ao seu próprio crédito e honra. Como seria para Deus aquilo que é feito apenas por causa de costumes, da estima dos homens ou por medo do inferno?

Que agradecimento é devido a você por não amar a sua própria miséria e por estar disposto a se esforçar para escapar do fogo do inferno durante toda a eternidade? Não há no inferno um demônio que não faria isso de bom grado. "Israel é uma vide frondosa; dá fruto para si mesmo..." (OS 10:1 ARC).

Nenhum fruto é produzido para Deus onde nada é feito, de uma forma ou outra, por amor a Deus ou por qualquer verdadeiro respeito a Ele. Deus vê o coração. Ele não necessita dos nossos serviços, nem se beneficia de qualquer coisa que possamos fazer. Ele nada recebe de nós como benefício, e sim somente como um testemunho adequado de nosso amor e respeito por Ele. Esse é o fruto que Ele busca. Os homens não aceitarão as demonstrações de amizade que considerem hipócritas e não advindas do coração. Quanto menos deveria Deus, que sonda os corações e testa as rédeas dos filhos dos homens! "Deus é espírito; e importa que os seus adoradores o adorem em espírito e em verdade" (JO 4:24).

Pergunte-se, portanto, se alguma vez em sua vida você fez a mínima coisa por amor a Deus. Você não fez tudo por si mesmo?

Quando jejuastes e pranteastes, no quinto e no sétimo mês, durante estes setenta anos, acaso, foi para mim que jejuastes, com efeito, para mim? Quando comeis e bebeis, não é para vós mesmos que comeis e bebeis? (ZACARIAS 7:5-6)

3. Outro uso para este assunto pode ser convencimento e humilhação de quem nunca produziu fruto para Deus.
Se, ao examinar-se, você descobrir que em toda a sua vida nunca fez algo por verdadeiro respeito a Deus, ficará

comprovado que, em relação a tudo que faz, você é uma criatura totalmente inútil. E considere quão vergonhoso é, para um ser racional como você, recebendo tais vantagens para ser útil, ser totalmente inútil e viver no mundo para propósito algum!

Em qualquer pessoa, consideramos um caráter muito mesquinho o fato de ela ser sem valor e insignificante, e ser chamada assim é considerado uma grande reprovação. Porém, considere seriamente se você é capaz de limpar esse caráter. Defina uma razão para trabalhar. Você pode supor racionalmente que atende, em qualquer medida, ao fim para o qual Deus lhe deu o seu ser e uma natureza superior à dos animais? Porém, para que você possa perceber o motivo de se envergonhar da sua inutilidade, considere o seguinte.

a) *O quanto Deus concedeu a você nos dons de sua natureza.* Deus fez você uma criatura racional e inteligente, dotou-o de nobres poderes, os dons em que consiste a imagem natural de Deus. Você é imensamente exaltado em sua natureza acima de outros tipos de criaturas aqui embaixo. Você é capaz de mil vezes mais do que qualquer uma das criaturas brutas. Ele deu a você um poder de entendimento capaz de se estender amplamente, de olhar para o início dos tempos e considerar o que existia antes de o mundo existir, e de olhar para frente além do fim dos tempos. Esse entendimento é capaz de se estender além dos limites extremos do Universo. É uma faculdade pela qual você é semelhante aos anjos e capaz até mesmo de conhecer a Deus, de contemplar o Ser divino e Suas gloriosas perfeições, manifestadas em Suas obras e em Sua palavra. A sua alma tem a capacidade de ser a habitação do Espírito Santo de Deus e de Sua divina graça. Você é capaz das nobres ocupações dos anjos.

Quão lamentável e vergonhoso é uma criatura como essa ser totalmente inútil e viver em vão! Quão lamentável é uma tão nobre e excelente peça de feitura divina falhar em seu fim e ser inútil! Teria valido a pena Deus ter criado você assim, com uma natureza tão nobre e tão acima dos outros tipos de criaturas, apenas para comer, beber e satisfazer os seus apetites sensuais? Quão lamentável e vergonhoso é para você uma árvore tão nobre ser mais inútil do que qualquer árvore da floresta, que o homem, a quem Deus assim conferiu honra, torne-se mais inútil do que os animais que perecem!

b) *O quanto Deus fez por você na criação do mundo.* Ele fez a terra, os mares e toda a sua plenitude para uso do homem, e os deu a ele: "Os céus são os céus do SENHOR, mas a terra, deu-a ele aos filhos dos homens" (SL 115:16). Ele fez a grande variedade de criaturas para uso e serviço do homem: "...dominai sobre os peixes do mar, sobre as aves dos céus e sobre todo animal que rasteja pela terra" (GN 1:28). Para o mesmo propósito, Ele fez todas as plantas, ervas e árvores do campo: "Eis que vos tenho dado todas as ervas que dão semente e se acham na superfície de toda a terra e todas as árvores em que há fruto que dê semente; isso vos será para mantimento" (GN 1:29).

Ele criou o Sol nos céus, aquele glorioso luzeiro, aquele maravilhoso globo de luz, para dar luz ao homem e constituir a diferença entre o dia e a noite. Ele fez também a Lua e a vasta multidão de estrelas para benefício do homem, para lhe serem sinais e estações.

Que grande provisão Deus fez para o homem! Que ampla variedade de coisas boas para alimento e, de outro modo, para sua conveniência, para colocá-lo em condições de ser útil! Quão lamentável é que, depois de tudo isso, ele seja uma criatura inútil no mundo!

c) *O quanto é feito por você no curso da providência comum de Deus!* Considere como a natureza está continuamente trabalhando por você. O Sol está, por assim dizer, em uma efervescência pela humanidade, percorrendo incansavelmente seu curso ano após ano e dia após dia, e despejando seus raios sobre o homem para dar-lhe vantagem para ser útil, diariamente dando-lhe luz para que possa ter oportunidade de contemplar a gloriosa sabedoria de Deus e de ver e servir a Deus. Os ventos e as nuvens estão continuamente trabalhando por você e as águas estão em constante circulação, subindo dos mares para o ar, descendo na chuva, reunindo-se em riachos e rios, retornando ao mar, e novamente subindo e descendo por você. A terra está trabalhando continuamente a fim de produzir seus frutos para sustentá-lo. As árvores do campo estão trabalhando e gastando as suas forças por você. E quantas das pobres criaturas brutas estão continuamente trabalhando por você e gastando as suas forças por você! Quanto da Terra é gasto com você! Quantas criaturas de Deus são consumidas por você! Quantas vidas das criaturas viventes de Deus são destruídas por sua causa, para seu sustento e conforto!

Ora, quão lamentável será se, no fim de tudo, você for totalmente inútil e viver para propósito algum! Que mero opressor do solo você será, segundo Lucas 13:7 [a parábola da figueira estéril]. A natureza, que assim continuamente trabalha por você, estará sobrecarregada com você. Isso parece ser o que o apóstolo quer dizer em Romanos 8:20-22, que a criação está sujeita à vaidade e é conduzida à escravidão da corrupção; e que toda a criação geme e suporta angústias sob essa escravidão.

d) *O quanto é feito por você no uso dos meios da graça.* Quanto Deus fez para prover a você os meios e vantagens adequados para a utilidade! Quantos profetas Deus enviou ao mundo, em diferentes épocas, inspirando-os com o Seu Espírito Santo e capacitando-os a realizar muitos milagres para confirmar a palavra deles, pela qual você tem agora a palavra escrita de Deus para instruí-lo!

Quão grande coisa Deus fez por você, para lhe dar oportunidade e vantagem de ser útil, por haver enviado Seu próprio Filho ao mundo! Aquele que é real e verdadeiramente Deus se uniu à natureza humana e se fez homem, a fim de ser profeta e mestre para você e outros pecadores. Sim, Ele deu a Sua vida para fazer expiação pelo pecado, para que você pudesse ser encorajado a servir a Deus com esperança de aceitação.

Quantas ordenanças foram instituídas para você! Quanto do esforço dos ministros de Deus foi gasto com você! Não se refere verdadeiramente a você o que está escrito no início de Isaías 5, acerca da vinha plantada em uma colina muito fértil, cercada e cultivada com cuidados e esforços peculiares, mas que se mostrou infrutífera? Quanto o vinhateiro cavou ao redor da árvore estéril e a adubou, e ainda assim ela permanece estéril!

Considere que vergonha é você viver em vão quando todas as outras criaturas, que são inferiores a você, glorificam ao seu Criador segundo a sua natureza. Você, tão exaltado no mundo, é mais inútil do que a criação bruta, sim, do que os vermes mais ínfimos ou as coisas inanimadas, como a terra e as pedras. Porque todos eles cumprem o seu propósito, da maneira como a natureza os preparou para isso. Nenhum deles falha nisso. Todos eles são úteis em seus lugares, todos prestam seu devido tributo de louvor ao seu Criador, enquanto você é um mero estorvo na criação e fardo para a Terra, assim como qualquer árvore da floresta é mais útil do que a videira se esta não produzir frutos.

4. Permita-me, em uma aplicação adicional dessa doutrina, exortá-lo por todos os meios a dar fruto para Deus.
Que seja o seu esforço constante ser, dessa maneira, ativamente útil no mundo. Aqui, considere três coisas.

a) *Que honra será, para criaturas tão pobres quanto você, dar fruto para glória divina.* O que é um pobre verme como o homem para ser capacitado a produzir qualquer fruto para Deus? A maior honra da natureza do homem é Deus lhe haver dado a capacidade de glorificar o grande Criador. Nenhuma outra criatura deste mundo inferior pode fazer isso da mesma maneira que o homem. No mundo visível não há criatura capaz de glorificar ativamente a Deus, exceto o homem.

b) *Dando fruto para Deus, você apenas será proveitoso para si mesmo. Não pode, portanto, ser proveitoso para Deus.* "Porventura, será o homem de algum proveito a Deus?"

(JÓ 22:2). Visto que Deus não precisa de nós; o fruto produzido abençoa as pessoas, em primeiro lugar aquela que frutifica. Então frutificar para Deus é um dos maiores benefícios que alguém pode ter para si próprio.

Embora você tenha a obrigação natural de dar fruto para Deus, Ele não exige isso de você sem uma recompensa. Ele o recompensará ricamente por isso. Ao exigir que você dê fruto para Ele, Deus apenas exige que você dê fruto para a sua própria felicidade. Você provará a doçura do seu próprio fruto. Neste mundo, será de maior proveito para você dar fruto para Deus. Isso lhe será extremamente benéfico enquanto você estiver aqui. Ser-lhe-á agradável levar uma vida frutífera e santa. O prazer será maior do que o esforço. Além disso, Deus prometeu recompensas eternas e benefícios infinitos e indizíveis para uma vida assim, a fim de que, por meio dela, você promova infinitamente o seu próprio benefício.

c) *Se você permanecer assim improdutivo e não for ativamente útil, certamente Deus assegurará o Seu fim na sua destruição.* Ele dirá acerca da árvore estéril: "Corte-a. Por que continua a estorvar o solo?". Cristo nos diz: "Se alguém não permanecer em mim, será lançado fora, à semelhança do ramo, e secará; e o apanham, lançam no fogo e o queimam" (JO 15:6). Isso é dito acerca dos ramos estéreis da videira. Como você mesmo faria em um caso assim, com uma árvore estéril em um pomar ou com ervas daninhas e joio nos seus campos? Sem dúvida, se pudesse, você os destruiria totalmente.

O propósito de Deus será cumprido. Ele o realizará. Ainda que todos os homens e demônios unam seus esforços, não conseguem frustrar Deus em coisa alguma, e, "Ainda que o mau junte mão à mão, não ficará sem castigo..." (PV 11:21 ARC). Deus jurou, por Seu grandioso nome, que terá a glória dos homens, quer eles o glorifiquem ativamente ou não.

> *Porém, tão certo como eu vivo, e como toda a terra se encherá da glória do SENHOR, nenhum dos homens que, tendo visto a minha glória e os prodígios que fiz no Egito e no deserto, todavia, me puseram à prova já dez vezes e não obedeceram à minha voz, nenhum deles verá a terra que, com juramento, prometi a seus pais, sim, nenhum daqueles que me desprezaram a verá.* (NÚMEROS 14:21-23)

"Já está posto o machado à raiz das árvores; toda árvore, pois, que não produz bom fruto é cortada e lançada ao fogo" (MT 3:10). O fim dos homens que nada produzem além de abrolhos e espinhos é ser queimado:

> *Porque a terra que absorve a chuva que frequentemente cai sobre ela e produz erva útil para aqueles por quem é também cultivada recebe bênção da parte de Deus; mas, se produz espinhos e abrolhos, é rejeitada e perto está da maldição; e o seu fim é ser queimada.* (HEBREUS 6:7-8)

Assim lemos acerca do joio:

> *Deixai-os crescer juntos até à colheita, e, no tempo da colheita, direi aos ceifeiros: ajuntai primeiro o joio, atai-o em feixes para ser queimado.* (MATEUS 13:30)

E ainda:

Pois, assim como o joio é colhido e lançado ao fogo, assim será na consumação do século. Mandará o Filho do Homem os seus anjos, que ajuntarão do seu reino todos os escândalos e os que praticam a iniquidade e os lançarão na fornalha acesa; ali haverá choro e ranger de dentes. (MATEUS 13:40-42)

Isto é o que João Batista diz acerca do joio: "A sua pá, ele [Cristo] a tem na mão e limpará completamente a sua eira; recolherá o seu trigo no celeiro, mas queimará a palha em fogo inextinguível" (MT 3:12).

Se você continuar a não produzir fruto para glória divina, como tem feito até agora, o inferno será o único lugar adequado para você. Ele é um lugar preparado propositalmente para ser um receptáculo de tais pessoas. No inferno, a natureza deixa de se esforçar pelos pecadores: o Sol não segue o seu curso para brilhar sobre eles, a Terra não produz seus frutos para serem consumidos ali. Lá, eles não terão oportunidade de usufruir dos frutos da divina bondade em seus desejos. No inferno, eles não podem prejudicar ou sobrecarregar coisa alguma à qual Deus atribua algum valor. Lá, os fiéis servos e ministros de Deus não mais despenderão suas forças em vão com eles. Quando a árvore estéril está no fogo, os servos do lavrador ficam livres de qualquer obrigação ou labuta adicional para cavar em torno dela e adubá-la.

No inferno, eles não mais terão oportunidade de obstruir e desencorajar o florescimento da religião e de destruir muitas coisas boas, como frequentemente fazem neste mundo. No inferno, não mais terão oportunidade de corromper os outros com seu mau exemplo. Lá, não terão mais o poder de molestar os piedosos. Eles poderão ferir-se e atormentar-se mutuamente, mas os piedosos estarão fora do seu alcance. No inferno não haverá ordenanças, nem cultos, nem sacramentos, nem coisas sagradas, para eles profanarem e contaminarem com sua presença descuidada e hipócrita.

Portanto, se você permanecer infrutífero e prejudicial ao solo, o inferno será o lugar mais adequado para você, e lá certamente a sua porção lhe será atribuída. Lá, Deus receberá honra por você. Lá, Ele será engrandecido na sua ruína, na presença dos santos anjos e do Cordeiro e será louvado por isso pelos santos no dia do juízo e por todo o exército do Céu em todos os tempos eternos.

UMA LUZ DIVINA E SOBRENATURAL[10]

Imediatamente transmitido à alma
pelo Espírito de Deus, demonstrado como
doutrina bíblica e racional

*Então, Jesus lhe afirmou: Bem-aventurado és,
Simão Barjonas, porque não foi carne e
sangue que to revelaram, mas meu Pai,
que está nos céus.* MATEUS 16:17

Cristo disse tais palavras a Pedro quando este professou sua fé em Jesus como o Filho de Deus. O nosso Senhor estava perguntando aos Seus discípulos quem os homens diziam que Ele era. Não que Ele precisasse ser informado, mas apenas apresentar e dar ocasião ao que

---

[10] Este sermão, ministrado em Northampton no ano 1734, despertou interesse incomum nos ouvintes e foi publicado a pedido deles.

segue. Eles respondem que alguns diziam que Ele era João Batista; alguns, Elias; outros, Jeremias ou um dos profetas. Após haverem relatado quem os outros diziam que Jesus era, Cristo lhes pergunta quem eles diziam que Ele era. Simão Pedro, sempre zeloso e ousado, foi o primeiro a falar; ele respondeu prontamente à pergunta: "Tu és o Cristo, o Filho do Deus vivo" (MT 16:16).

Nessa ocasião, Cristo diz o que diz *a ele* e *dele*; este é o nosso texto-base, no qual podemos observar:

a) *Que Pedro é declarado bem-aventurado por causa disso.*
Bem-aventurado és — tu és um homem feliz, porque não ignoras que eu sou *Cristo, o Filho do Deus vivo*. Tu és distintamente feliz. Outros estão cegos e têm apreensões sombrias e ilusórias, como acabam de relatar. Há alguns pensando que Eu sou Elias; alguns, que sou Jeremias; alguns pensam uma coisa e alguns, outra, mas nenhum deles está pensando corretamente; todos enganados. Feliz és tu, tão distinguido a ponto de saber a verdade acerca desse assunto.

b) *A prova disso é a sua felicidade declarada, a saber, que Deus, e somente Ele, o havia revelado a Pedro.* Essa é uma evidência de ele ser *bem-aventurado*.

Primeiro, porque demonstra quão peculiarmente favorecido ele foi por Deus acima dos outros, *quase dictum*[11]:

---

[11] Expressão em latim, que significa: como se dissesse.

—Quão grandemente favorecido é você porque outros, que são sábios e destacados, os escribas, fariseus e governantes, e a nação em geral, são deixados em trevas para seguir suas próprias apreensões equivocadas, enquanto você é escolhido, por assim dizer, pelo nome, para que Meu Pai Celestial coloque o Seu amor em *você, Simão Barjonas*. Isso prova que você é *bem-aventurado*, sendo assim objeto do amor distintivo de Deus.

Segundo, evidencia também a sua bem-aventurança por sugerir que esse conhecimento está acima de qualquer coisa que carne e sangue possam revelar.

—Esse é um conhecimento que só o Meu *Pai que está no Céu* pode dar. É demasiadamente elevado e excelente para ser transmitido por meios convencionais como os outros conhecimentos. Você é *bem-aventurado* por saber o que somente Deus pode lhe ensinar.

A origem desse conhecimento é declarada aqui, tanto negativa quanto positivamente. *Positivamente*, por Deus ser aqui declarado como autor dela. *Negativamente*, por ser declarado que *carne e sangue não o haviam revelado*. Deus é o autor de todo tipo de conhecimento e entendimento. Ele é o autor do conhecimento obtido por aprendizado humano: Ele é o autor de toda prudência moral e do conhecimento e habilidade dos homens em seus assuntos seculares. Assim, é dito de todos que em Israel eram *sábios* e hábeis em bordar: que Deus os havia enchido do *espírito de sabedoria* (VEJA ÊXODO 28:3).

Deus é o autor de tal conhecimento, mas *a carne e o sangue o revelam*. Os homens mortais são capazes de transmitir o conhecimento das artes e ciências humanas e a habilidade em assuntos temporais. Deus é o autor de tal conhecimento por esses meios. *Carne e sangue* são empregados como o *mediador* ou causa *secundária*. Ele o transmite pelo poder e influência de meios naturais. Porém, esse conhecimento espiritual mencionado no texto é aquele do qual Deus é o autor, e nenhum outro; Ele o *revela*, e não *carne e sangue*. Ele transmite esse conhecimento diretamente, não fazendo uso de qualquer causa natural intermediária, como faz com outros conhecimentos.

O que havia acontecido no discurso anterior fez naturalmente com que Cristo observasse isso, pois os discípulos lhe haviam dito como os outros não o conheciam, mas geralmente estavam enganados a respeito dele, e as opiniões a Seu respeito eram divididas e confusas. Porém, Pedro havia declarado sua sólida fé: que Ele era o *Filho de Deus*. Agora era natural observar como não havia sido *carne e sangue* que o haviam *revelado a ele*, e sim Deus. Visto que, se esse conhecimento dependesse de causas ou meios naturais, como poderiam eles, um grupo de pobres pescadores, homens indoutos e pessoas de pouco estudo, atingir o conhecimento da verdade, enquanto os escribas e os fariseus, homens muito mais favorecidos e com maior entendimento e sagacidade em outros assuntos, permaneciam na ignorância? Isso só ocorreu devido à graciosa influência distintiva e revelação do Espírito de Deus. Portanto, o tema da minha presente preleção a partir dessas palavras é:

DOUTRINA

Existe algo como uma luz espiritual e divina diretamente comunicada por Deus à alma, de natureza diferente de qualquer outra obtida por meios naturais. E, quanto a isso, desejo, *primeiro*, mostrar o que é essa luz divina. *Segundo*, como ela é concedida diretamente por Deus, não obtida por meios naturais. *Terceiro*, mostrar a verdade dessa doutrina. E, *por último*, concluir com um breve acréscimo final.

1. Desejo mostrar o que é essa luz espiritual e divina. E, para isso, apresentar:

a) *Em algumas coisas, o que ela não é*. E aqui,

Primeiro, as convicções que os homens naturais podem ter de seu pecado e miséria não é essa luz espiritual e divina. Os homens em condição natural podem ter convicções da culpa que recai sobre eles, da ira de Deus e de correrem risco de lhes recair a vingança divina. Essas convicções vêm da luz ou consciência da verdade. O fato de alguns pecadores terem maior convicção de sua culpa e miséria do que outros é devido a alguns terem mais luz ou mais compreensão da verdade do que outros. E essa luz e convicção podem vir do Espírito de Deus. O Espírito convence os homens do pecado. Contudo, a natureza está muito mais envolvida com essa convicção do que com a comunicação da luz espiritual e divina da qual a doutrina fala. Tal convicção vem do Espírito de Deus apenas como princípios naturais auxiliares, não para infundir qualquer novo princípio. A graça comum difere da especial por influenciar apenas auxiliando a natureza, não por conceder graça ou conferir algo acima da natureza. A luz obtida é totalmente natural, ou de nenhum tipo superior ao que a mera natureza alcança, embora mais desse tipo seja obtido do que o seria se os homens fossem deixados totalmente por conta própria. Ou em outras palavras, a graça comum apenas ajuda as faculdades da alma a fazer mais plenamente o que fazem por natureza, como a consciência ou razão natural conscientizará, por mera natureza, o homem acerca da culpa e o acusará e condenará quando ele cometer um erro. A consciência é um princípio natural aos homens. O trabalho que ela faz naturalmente, ou por si mesmo, é perceber o certo e o errado e sugerir à mente a relação existente entre certo e errado, e uma retribuição. Nas convicções que os homens não regenerados às vezes têm, o Espírito de Deus ajuda a consciência a realizar essa obra em um grau maior do que faria se eles fossem deixados por conta própria. Ele a ajuda contra o que tende a entorpecê-la e obstruir sua prática. Porém, na obra renovadora e santificadora do Espírito Santo são efetuadas, na alma, as coisas que estão acima da natureza e às quais, por natureza, não há algo semelhante na alma; e elas são feitas para existir na alma habitualmente e segundo uma constituição ou lei declarada que estabelece tal fundamento para ações contínuas, como é chamado um princípio da natureza. Os princípios remanescentes não apenas recebem ajuda para fazer a sua obra mais livre e plenamente: são restaurados os princípios totalmente destruídos pela queda. E, daí em diante, a mente exerce habitualmente os atos dos quais o domínio do pecado a tornara totalmente destituída, assim como um corpo morto é destituído de atos vitais.

No primeiro caso, o Espírito de Deus atua de maneira muito diferente do que no último. Ele pode, de fato, agir sobre a mente de um homem natural, mas age na mente de um santo como um princípio vital interior. Ele atua sobre a mente das pessoas não regeneradas como um agente extrínseco ocasional, pois, ao atuar sobre elas, não se une a elas, porque, não obstante todas as Suas influências a que elas possam estar sujeitas, elas ainda são sensuais, não tendo o Espírito (VEJA JUDAS 1:19). Porém, Ele se une à mente de um santo, torna-o Seu templo, age sobre ele e o influencia com um novo princípio sobrenatural de vida e prática. Há essa diferença: que, agindo na alma de um homem piedoso, o Espírito de Deus se revela e se comunica ali em sua própria natureza. A santidade é a natureza adequada do Espírito de Deus. O Espírito Santo age na mente dos piedosos unindo-se a eles, vivendo neles e exercendo a Sua própria natureza no exercício das faculdades deles. O Espírito de Deus pode agir sobre uma criatura e, mesmo não agindo, comunicar-se. Ele pode atuar sobre criaturas inanimadas, como "...o Espírito de Deus pairava por sobre as águas" (GN 1:2) no início da criação. Assim, o Espírito de Deus pode agir sobre a mente dos homens de muitas maneiras e comunicar-se não mais do que quando atua sobre uma criatura inanimada. Por exemplo, Ele pode provocar pensamentos neles, pode ajudar sua razão e compreensão naturais, ou pode ajudar outros princípios naturais, e isso sem qualquer união com a alma, mas pode agir, por assim dizer, como sobre um objeto exterior. Contudo, ao agir em Suas santas influências e ações espirituais, Ele atua de um modo de comunicação peculiar de si mesmo, de maneira que o indivíduo é, por isso, denominado "espiritual".

Segundo, essa luz espiritual e divina não consiste em impressão alguma sobre a imaginação. Não é uma impressão sobre a mente, como se alguém visse qualquer coisa com os olhos do corpo. Não é uma imaginação ou ideia de uma luz ou glória exterior, ou qualquer beleza de forma ou semblante, ou um brilho ou claridade visível de qualquer objeto. A imaginação pode ser fortemente impressionada por tais coisas, mas isso não é luz espiritual. De fato, ao fazer uma descoberta vívida de coisas espirituais e ser grandemente afetada pelo poder da luz divina, a mente pode — e provavelmente o faz muito comumente — afetar muito a imaginação, de modo que as impressões de uma beleza ou brilho exterior podem acompanhar essas descobertas espirituais. Porém, a luz espiritual não é a impressão sobre a imaginação, e sim algo totalmente diferente. Os homens naturais podem ter impressões vívidas em sua imaginação. Não somos capazes de determinar se o diabo, que se transforma em anjo de luz (VEJA 2 CORÍNTIOS 11:14), pode causar imaginações de uma beleza exterior ou glória visível, e de sons e falas, e outras coisas semelhantes, mas essas são coisas de natureza muitíssimo inferior à luz espiritual.

Terceiro, essa luz espiritual não é a sugestão de qualquer nova verdade ou proposição não contida na Palavra de Deus. Essa sugestão de novas verdades ou doutrinas à mente, independentemente de qualquer revelação anterior dessas proposições, verbalmente ou por escrito, é inspiração, como os profetas e apóstolos tiveram, e como alguns entusiastas pretendem ter. Porém, essa luz espiritual de que estou falando é muito diferente da inspiração. Ela não revela uma nova doutrina, não sugere uma nova proposição à mente, não ensina algo novo sobre Deus, sobre Cristo ou sobre outro mundo que não seja ensinado na Bíblia. Ela apenas fornece uma devida compreensão do que é ensinado na Palavra de Deus.

Quarto, nem toda visão tocante que os homens têm das coisas da religião é essa luz espiritual e divina. Por meros princípios da natureza, os homens têm tanta capacidade de serem tocados por coisas que têm uma relação especial com a religião quanto por outras coisas. Por mera natureza, alguém pode, por exemplo, ser suscetível de ser afetado pela história de Jesus Cristo e pelos sofrimentos por Ele sofridos tanto quanto por qualquer outro relato trágico. Ele pode ser o mais afetado devido ao interesse que ele imagina que a humanidade tenha nessa história. Sim, ele pode ser afetado por isso sem crer tanto quanto um homem pode ser tocado pelo que lê em um romance ou vê encenado em uma peça teatral. Ele pode ser tão tocado por uma descrição vívida e eloquente de muitas coisas agradáveis que fazem parte do estado dos bem-aventurados que estão no Céu quanto sua imaginação pode se interessar por uma descrição romântica do encanto do país das fadas ou algo semelhante. E aquela crença comum na verdade das coisas da religião, que as pessoas podem ter por educação ou algum outro modo, pode ajudar a fomentar a sua afeição. Lemos nas Escrituras acerca de muitos que foram grandemente tocados por coisas de natureza religiosa, mas são representados como totalmente desprovidos de graça — muitos deles homens muito ímpios. Uma pessoa pode, portanto, ter visões tocantes das coisas da religião e, ainda assim, ser muito destituída de luz espiritual. Carne e sangue podem ser o autor de um homem poder dar a outro uma visão tocante das coisas divinas, mas com influência meramente comum. Porém, somente Deus pode fornecer uma descoberta espiritual delas.

b) *Porém, eu prossigo para mostrar positivamente o que essa luz espiritual e divina* é.
E ela pode ser assim descrita: uma verdadeira percepção da excelência divina das coisas reveladas na Palavra de Deus, e uma convicção da verdade e realidade que delas surgem. Essa luz espiritual consiste originariamente na primeira delas, a saber, a real percepção e apreensão da divina excelência das coisas reveladas na Palavra de Deus. A convicção espiritual e salvadora da verdade e realidade dessas coisas surge de tal visão de sua divina excelência e glória, de modo que esta convicção de sua verdade é um efeito e uma consequência natural dessa visão de sua divina glória. Há, portanto, nessa luz espiritual:

Primeiro, uma verdadeira percepção da divina e superlativa excelência das coisas da religião, uma real percepção da excelência de Deus e de Jesus Cristo, da obra da redenção e dos caminhos e obras de Deus revelados no evangelho. Há uma divina e superlativa glória em tais coisas. Uma excelência de um tipo muito superior e de natureza mais sublime do que em outras coisas; uma glória que as distingue grandemente de tudo que é terreno e temporal. Quem é espiritualmente iluminado realmente a apreende e vê, ou tem uma consciência dela. Não apenas acredita racionalmente que Deus é glorioso, mas tem em seu coração a percepção de quão glorioso Deus é. Não há apenas uma crença racional de que Deus é santo e que a santidade é boa, mas também a percepção da beleza da santidade de Deus. Há não apenas o julgamento especulativo de que Deus é gracioso, mas a percepção de quão amável Deus é por isso, ou a percepção da beleza desse atributo divino.

Há um duplo entendimento ou conhecimento do bem, para o qual Deus capacitou a mente do homem. O primeiro é meramente especulativo e conceitual, como quando uma pessoa julga apenas especulativamente que algo existe, o que, pela concordância da humanidade, chama-se bom ou excelente, a saber, o que é mais geralmente vantajoso; entre este e uma recompensa há uma adequação e coisas semelhantes. E o outro entendimento consiste na percepção do coração, como quando há uma percepção da beleza, amabilidade ou doçura de algo, de modo que o coração sente prazer e deleite na presença da ideia daquilo. No primeiro é exercida meramente a faculdade especulativa, ou o entendimento, estritamente assim chamado, ou mencionado como diferente da vontade ou inclinação da alma. No último, a vontade, disposição ou coração estão principalmente envolvidos.

Assim, há uma diferença entre ter uma *opinião* de que Deus é santo e gracioso e ter uma *percepção* da amabilidade e beleza dessa santidade e graça. Há uma diferença entre ter um julgamento racional de que o mel é doce e ter uma percepção de sua doçura. Um homem que não conhece o sabor do mel pode ter o primeiro, mas não pode ter este último se não tiver em sua mente uma ideia do sabor do mel. Assim, há uma diferença entre acreditar que uma pessoa é bonita e ter a percepção da beleza dela. A primeira coisa pode ser obtida por ouvir dizer, mas a última, somente vendo o semblante. Há uma grande diferença entre o mero julgamento racional especulativo de qualquer coisa como excelente e ter a percepção de seu encanto e beleza. O primeiro repousa apenas na mente, somente especulação está envolvida. Porém, no último, o coração está envolvido. Quando o coração tem a percepção da beleza e a amabilidade de algo, necessariamente sente satisfação na apreensão. Uma pessoa ter a percepção genuína da beleza de algo implica que a ideia dessa coisa é doce e agradável à sua alma. Isso é muito diferente de ter uma opinião racional de que ela é excelente.

Segundo, dessa percepção da divina excelência das coisas contidas na Palavra de Deus, surge, direta ou indiretamente, uma convicção da verdade e realidade delas.
Indiretamente, de duas maneiras:
• *Primeiramente, quando os preconceitos que estão no coração contra a verdade das coisas divinas são removidos por meio dela.* Assim, a mente se torna suscetível à devida força de argumentos racionais para sua verdade. A mente do homem é naturalmente repleta de preconceitos contra a verdade das coisas divinas. Ela é repleta de inimizade contra as doutrinas do evangelho, e isso é uma desvantagem para os argumentos que provam a sua verdade e fazem perder a força sobre a mente. Porém, quando uma pessoa descobre para si a divina excelência das doutrinas cristãs, isso destrói a inimizade, remove tais preconceitos, santifica o raciocínio e faz com

que ela fique aberta à força dos argumentos em favor de sua verdade.

Disso decorreu o efeito diferente dos milagres de Cristo no convencimento dos discípulos em relação ao convencimento dos escribas e fariseus. Não que eles tivessem um raciocínio mais forte ou mais aprimorado, e sim que ele foi santificado e os preconceitos cegantes, sob os quais os escribas e fariseus estavam, foram removidos pela percepção que eles tiveram da excelência de Cristo e de Sua doutrina.

• *Também indiretamente, não só remove os obstáculos do raciocínio, mas também o ajuda positivamente.* Isso torna mais vívidas até mesmo as noções especulativas. Atrai a atenção da mente com a firmeza e intensidade para esse tipo de objeto. Isso faz com que ela tenha uma visão mais clara de tais noções, permite que ela veja mais claramente suas relações mútuas e faz com que as perceba melhor. As próprias ideias que, de outro modo, são turvas e obscuras são, por este meio, impressas com a maior força e têm uma luz lançada sobre si para que a mente possa julgá-las melhor. É como alguém que observa os objetos na face da Terra quando a luz do Sol incide sobre eles, para que a mente possa julgá-los melhor; assim como quem observa os objetos na face da Terra quando a luz do Sol é lançada sobre eles tem maior vantagem para discernir suas verdadeiras formas e relações mútuas do que quem os vê sob a fraca luz das estrelas ou do crepúsculo.

Possuindo uma sensatez acerca da excelência dos objetos divinos, a mente se ocupa com eles com deleite, e as faculdades da alma são mais despertadas e estimuladas para se ocuparem na contemplação deles e se empenharem mais plenamente e muito mais para o propósito. A beleza e amabilidade dos objetos atrai as faculdades e estimula seus exercícios. Desse modo, a própria razão tem muito mais vantagens para seus adequados e livres exercícios, e para atingir seu fim adequado, livre de trevas e ilusão.

Porém, *também diretamente*, há:

• *Uma verdadeira percepção da excelência divina das coisas da Palavra de Deus convence mais direta e rapidamente acerca da verdade delas, porque a excelência dessas coisas é muito superlativa.* Há nelas uma beleza tão divina que as distingue grande e evidentemente das coisas meramente humanas ou das quais os homens são os inventores e autores. Uma glória tão elevada e grande que, quando vista claramente, ordena assentimento à sua divindade e realidade. Quando há uma real e vívida descoberta de tal beleza e excelência, ela não permite que se pense que é uma obra humana ou fruto de invenção dos homens. Essa evidência que os espiritualmente iluminados têm da verdade das coisas da religião é uma espécie de evidência intuitiva e imediata. Eles creem que as doutrinas da Palavra de Deus são divinas porque veem divindade nelas, isto é, eles veem nelas uma glória divina, transcendente e mais evidentemente distinta. Uma glória que, se vista claramente, não deixa margem para dúvidas de que são de Deus e não de homens.

Tal convicção da verdade da religião como essa, surgindo da percepção de sua excelência divina, é a verdadeira convicção espiritual que existe na fé salvadora. E a origem dela é aquela pela qual ela é mais essencialmente distinguida da concordância comum, da qual são capazes os homens não regenerados.

2. Passo agora à segunda coisa proposta, a saber, mostrar como essa luz é dada diretamente por Deus, não obtida por meios naturais. E aqui,

a) *Não se pretende que as faculdades naturais não sejam utilizadas nisso.* As faculdades naturais são o sujeito dessa luz de tal maneira que não são meramente passivas, e sim ativas nela. Os atos e exercícios do entendimento do homem estão relacionados a ela e são usados nela. Ao deixar essa luz entrar na alma, Deus trata com o homem segundo a sua natureza, ou seja, como criatura racional, e faz uso de suas faculdades humanas. Ainda assim, essa luz não provém menos diretamente de Deus por isso. Embora as faculdades sejam utilizadas, é como sujeito e não como causa. Essa atuação das faculdades não é a causa em si, e sim está implícita na própria coisa (na luz que é comunicada) ou é a consequência dela. Assim como o uso que fazemos de nossos olhos para contemplar diversos objetos quando o Sol nasce não é a causa da luz que descobre esses objetos para nós.

b) *Não se pretende que meios exteriores não tenham relação com esse assunto.* Como já observei, este caso não é como o da inspiração, em que novas verdades são sugeridas, porque aqui é apenas dada por essa luz uma devida apreensão das mesmas verdades reveladas na Palavra de Deus. Portanto, não é dado sem a Palavra. O evangelho é usado neste assunto: essa luz é a "...luz do evangelho da glória de Cristo..." (2CO 4:4). O evangelho é como um espelho pelo qual essa luz nos é transmitida — "...agora, vemos como em espelho..." (1CO 13:12).

c) *Porém, quando se diz que essa luz é concedida diretamente por Deus, não obtida por meios naturais, pretende-se aqui que ela é dada por Deus sem fazer uso de qualquer meio que aja por seu próprio poder ou por uma força natural cujos meios Deus use, mas não como causas indiretas para produzir esse efeito.* Na verdade, não há causa secundária para tal luz; ela é produzida por Deus diretamente. A Palavra de Deus não é causa adequada desse efeito. Ela não age por qualquer força natural ali existente. A Palavra de Deus só é usada para transmitir à mente o assunto dessa instrução salvadora e, de fato, transmite-nos isso por força ou influência natural. Ela transmite à nossa mente essas e aquelas doutrinas. É a causa da consciência delas em nossa mente, mas não da percepção da excelência divina delas em nosso coração. De fato, uma pessoa não pode ter luz espiritual sem a Palavra. Porém, isso não significa que a Palavra causa propriamente essa luz. A mente é incapaz de ver a excelência de qualquer doutrina, a menos que essa doutrina esteja, em primeiro lugar, na mente. Porém, o vislumbre da excelência da doutrina pode vir diretamente do Espírito de Deus, embora a transmissão da doutrina ou proposição em si possa ser feita pela Palavra. De modo que as noções que são o objeto dessa luz são transmitidas à mente pela Palavra de Deus, mas a devida percepção do coração, em que essa luz consiste formalmente, é feita diretamente pelo Espírito de Deus. Por exemplo, a noção de que o Cristo existe e que Ele é santo e gracioso é transmitida à mente pela Palavra de Deus. Entretanto, a percepção da excelência de Cristo em razão dessa santidade e graça é obra direta do Espírito Santo.

3. Agora, passo a mostrar a verdade da doutrina, isto é, mostrar que existe aquela luz espiritual descrita, assim diretamente introduzida na mente por Deus. E, aqui, demonstrarei brevemente que essa doutrina é *bíblica* e também *racional*.

a) *Ela é bíblica*. Nosso texto não só é explícito em seu propósito, mas também traz uma doutrina abundante nas Escrituras. Nelas, somos abundantemente ensinados de que os santos diferem dos ímpios em terem o conhecimento de Deus e uma visão de Deus e de Jesus Cristo. Mencionarei apenas alguns textos de muitos: "...todo aquele que vive pecando não o viu, nem o conheceu" (1JO 3:6); "Aquele que pratica o bem procede de Deus; aquele que pratica o mal jamais viu a Deus" (3JO 1:11); "Ainda por um pouco, e o mundo não me verá mais; vós, porém, me vereis..." (JO 14:19); "E a vida eterna é esta: que te conheçam a ti, o único Deus verdadeiro, e a Jesus Cristo, a quem enviaste" (JO 17:3). Esse conhecimento, ou visão de Deus e de Cristo, não pode ser um mero conhecimento especulativo, visto que é mencionado como visão e conhecimento, no que os santos diferem dos ímpios. E, conforme essas passagens, é necessário que este seja não apenas um conhecimento diferente em grau e circunstâncias em seus efeitos, mas também totalmente diferente em natureza e tipo.

Essa luz e esse conhecimento são sempre mencionados como concedidos diretamente por Deus.

Por aquele tempo, exclamou Jesus: Graças te dou, ó Pai, Senhor do céu e da terra, porque ocultaste estas coisas aos sábios e instruídos e as revelaste aos pequeninos. Sim, ó Pai, porque assim foi do teu agrado. Tudo me foi entregue por meu Pai. Ninguém conhece o Filho, senão o Pai; e ninguém conhece o Pai, senão o Filho e aquele a quem o Filho o quiser revelar. (MATEUS 11:25-27)

Aqui, esse efeito é atribuído unicamente à arbitrária obra e dádiva de Deus, conferindo esse conhecimento a quem Ele quiser, distinguindo aqueles dele dotados, porque eles em si têm a menor vantagem natural ou os menores meios para o conhecimento (até mesmo criancinhas), quando é negado ao sábio e prudente. E a transmissão do conhecimento de Deus é aqui atribuída ao Filho de Deus como prerrogativa unicamente Sua.

Porque Deus, que disse: Das trevas resplandecerá a luz, ele mesmo resplandeceu em nosso coração, para iluminação do conhecimento da glória de Deus, na face de Cristo. (2 CORÍNTIOS 4:6)

Isso mostra claramente que existe algo como uma descoberta das superlativas glória e excelência divinas de Deus e de Cristo, e aquela peculiar aos santos, e também que ela provém tão diretamente de Deus quanto a luz vem do Sol e é o efeito imediato de Seu poder e vontade, visto que é comparada ao fato de Deus criar a luz por Sua poderosa Palavra no início da criação; o apóstolo, em 2 Coríntios 3:18, diz que isso é feito pelo Espírito do Senhor. Deus é mencionado como dando, na conversão, o conhecimento de Cristo como o que antes estava oculto e invisível: "Quando, porém, ao que me separou antes de eu nascer e me chamou pela sua graça, aprouve revelar seu Filho em mim..." (GL 1:15-16).

As Escrituras também falam claramente de tal conhecimento da Palavra de Deus, como foi descrito, como dom direto de Deus: "Desvenda os meus olhos, para que contemple as maravilhas da tua lei" (SL 119:18). O que o salmista quis dizer ao implorar a Deus para abrir os seus olhos? Ele era cego? Não podia recorrer à Lei e ver todas as suas palavras e sentenças quando quisesse? E o que poderia ele querer dizer com "as maravilhas"? Seriam as maravilhosas histórias da criação, do dilúvio, da passagem de Israel pelo mar Vermelho e coisas semelhantes? Seus olhos não estavam abertos para ler essas coisas extraordinárias quando quisesse? Sem dúvida, pelas coisas maravilhosas da lei de Deus, ele respeitava aquelas distintas e maravilhosas excelências, e maravilhosas manifestações das perfeições divinas e da glória que havia nos mandamentos e doutrinas da Palavra, e as obras e conselhos de Deus ali revelados. Assim, as Escrituras falam de um conhecimento da dispensação de Deus, uma aliança de misericórdia e um caminho de graça para com o Seu povo como peculiares aos santos e concedidos somente por Deus: "A intimidade do Senhor é para os que o temem, aos quais ele dará a conhecer a sua aliança" (SL 25:14).

As Escrituras ensinam também que uma crença verdadeira e salvadora da verdade da religião surge de tal descoberta. João deixa claro que a verdadeira fé é o que surge de uma visão espiritual de Cristo: "...a vontade de meu Pai é que todo homem que vir o Filho e nele crer tenha a vida eterna..." (JO 6:40); e que Cristo manifestar o nome de Deus aos discípulos, ou lhes dar o conhecimento de Deus, foi o meio pelo qual eles souberam que a doutrina de Cristo era de Deus e que o próprio Cristo era dele, procedia dele e era enviado por Ele.

> *Manifestei o teu nome aos homens que me deste do mundo. Eram teus, tu mos confiaste, e eles têm guardado a tua palavra. Agora, eles reconhecem que todas as coisas que me tens dado provêm de ti; porque eu lhes tenho transmitido as palavras que me deste, e eles as receberam, e verdadeiramente conheceram que saí de ti, e creram que tu me enviaste.* (JOÃO 17:6-8)

E ainda...

> *E Jesus clamou, dizendo: Quem crê em mim crê, não em mim, mas naquele que me enviou. E quem me vê a mim vê aquele que me enviou. Eu vim como luz para o mundo, a fim de que todo aquele que crê em mim não permaneça nas trevas.* (JOÃO 12:44-46)

A crença deles em Cristo e o fato de vê-lo espiritualmente são citados como ocorrências em paralelo.

Em Lucas 12:56-57, Cristo condena os judeus por não discernirem que Ele era o Messias e que Sua doutrina era verdadeira, a partir de um sabor e deleite interior distintivo do que era divino. Na passagem, Ele culpa os judeus porque, embora eles fossem capazes de distinguir o aspecto do céu e da Terra, e os sinais do clima, ainda não conseguiam discernir aquela época, ou, conforme expresso em Mateus: "os sinais dos tempos" (16:3). Jesus acrescenta: "...por que não julgais também por vós mesmos o que é justo?" (LC 12:57), isto é, sem sinais extrínsecos. Por que vocês não têm a percepção da verdadeira excelência, por meio da qual podem distinguir o que é santo e divino? Por que vocês não têm o sabor das coisas de Deus, pelo qual podem ver a Minha glória distintiva e divindade evidente e Minha doutrina?

O apóstolo Pedro menciona que ter visto a glória divina de Cristo deu a eles (os apóstolos) uma boa e bem fundamentada segurança da verdade do evangelho.

Porque não vos demos a conhecer o poder e a vinda de nosso Senhor Jesus Cristo seguindo fábulas engenhosamente inventadas, mas nós mesmos fomos testemunhas oculares da sua majestade. (2 PEDRO 1:16)

O apóstolo se refere à glória visível de Cristo, que eles viram na Sua transfiguração: aquela glória era tão divina, com tamanha aparência inefável e semelhança de santidade, majestade e graça divinas, que evidentemente essa glória o denotava como uma pessoa divina. Porém, se a visão da glória exterior de Cristo poderia dar uma garantia racional de Sua divindade, por que uma apreensão de Sua glória espiritual não pode fazer o mesmo? Sem dúvida, a glória espiritual de Cristo é, em si mesma, tão distintiva e demonstra tão claramente a Sua divindade quanto a Sua glória exterior, e muito mais, porque a Sua glória espiritual é aquilo em que consiste a Sua divindade, e a glória exterior da Sua transfiguração demonstrou que Ele era divino, apenas por ser uma imagem ou representação notável de tal glória espiritual. Sem dúvida, portanto, quem teve uma visão clara da glória espiritual de Cristo pode dizer: "Não segui fábulas astuciosamente inventadas, e sim fui uma testemunha ocular da Sua majestade", com base em fundamentos tão bons quanto os do apóstolo ao referir-se à glória exterior de Cristo que ele havia visto. Porém, isso me leva ao que foi proposto a seguir, a saber, mostrar que:

b) *Essa doutrina é racional.*

Primeiro, é racional supor que, nas coisas divinas, existe realmente uma excelência tão transcendente e extremamente diferente do que existe em outras coisas que, se fosse vista, as distinguiria da maneira mais evidente. Não podemos duvidar racionalmente que as coisas divinas, que pertencem ao Ser Supremo, são muito diferentes das coisas humanas. Que há nelas aquela divina, elevada e gloriosa excelência que as diferencia mais notavelmente das coisas dos homens, de modo que, se a diferença fosse apenas vista, teria sobre qualquer um uma influência convincente e satisfatória de que eles são o que são, a saber, divinos. Que razão pode ser apresentada contra isso? A menos que desejemos argumentar que, em glória, Deus não é notavelmente distinto dos homens.

Se Cristo aparecesse a alguém agora como apareceu no monte, na Sua transfiguração, ou se aparecesse para o mundo na glória com que agora aparece, como fará no dia do julgamento, sem dúvida, a glória e a majestade em que Ele apareceria seriam tais que convenceriam a todos de que Ele era uma pessoa divina e que a religião era verdadeira, e seria também uma convicção extremamente razoável e bem fundamentada. E por que não pode haver tal selo de divindade, ou glória divina, na Palavra de Deus, no plano e na doutrina do evangelho, que possa ser semelhantemente distinto e racionalmente convincente, desde que seja apenas visto? É racional supor que, quando Deus fala ao mundo, deve haver em Sua palavra ou discurso algo amplamente diferente da palavra do homem. Supondo que Deus jamais houvesse falado ao mundo, mas houvéssemos percebido que Ele estava prestes a fazê-lo, que Ele estava pronto a revelar-se do Céu e falar conosco diretamente, em falas ou discursos divinos, por assim dizer, com Sua própria boca, ou que nos desse um livro de Sua própria autoria, de que maneira deveríamos esperar que Ele falasse? Não seria racional supor que a Sua fala fosse totalmente diferente da fala do homem, que Ele falasse como Deus, isto é, que houvesse excelência e sublimidade tais em Seu discurso ou Palavra, tal selo de sabedoria, santidade, majestade e outras perfeições divinas, que a palavra do homem, sim, a do mais sábio dos homens, pareceria mesquinha e vil se comparada a ela? Sem dúvida, seria considerado racional esperar isso e irracional pensar de outra maneira. Quando um homem sábio fala no exercício de sua sabedoria, em tudo que ele diz há algo muito distinto da conversa de uma criancinha. Assim, sem dúvida, e muito mais, a fala de Deus (se é que existe algo como a fala de Deus) deve ser distinguida daquela do mais sábio dos homens, conforme profetizou Jeremias. Deus reprovou os falsos profetas visto que profetizavam em Seu nome e fingiam que aquilo que falavam era a Sua Palavra, quando na verdade era a palavra deles mesmos.

O profeta que tem sonho conte-o como apenas sonho; mas aquele em quem está a minha palavra fale a

minha palavra com verdade. Que tem a palha com o trigo? — diz o SENHOR. *Não é a minha palavra fogo, diz o* SENHOR, *e martelo que esmiúça a penha?*
(JEREMIAS 23:28-29)

Segundo, se há tal excelência distintiva nas coisas divinas, é racional supor que deve ser possível vê-la. O que poderia impedir que ela fosse vista? Não é um argumento válido dizer que não haja algo como uma tal excelência distintiva (ou, se houver, que ela não possa ser vista) porque alguns não a veem, embora possam ser homens de discernimento em questões temporais. Não é racional supor que, se existe alguma excelência assim nas coisas divinas, os ímpios a devam ver. Não é racional supor que as pessoas cuja mente está repleta de poluição espiritual e sob o poder de luxúrias imundas devam ter qualquer sabor ou percepção da beleza ou excelência divinas, ou que sua mente deva ser sensível à luz de uma natureza tão pura e celestial. Não precisa parecer estranho que o pecado cegue a mente, visto que as índoles e inclinações naturais particulares dos homens os ceguem tanto nas questões seculares como quando sua índole natural é melancólica, ciumenta, medrosa, orgulhosa ou algo semelhante.

Terceiro, é racional supor que esse conhecimento deva ser concedido diretamente por Deus, e não obtido por meios naturais. Com base em que deveria parecer irracional haver qualquer comunicação direta entre Deus e a criatura? É estranho os homens fazerem disso alguma dificuldade. Por que Aquele que criou todas as coisas não deveria ter ainda algo a ver diretamente com as coisas que fez? Se reconhecemos a existência de um Deus e que Ele criou todas as coisas a partir do nada, onde está a grande dificuldade em admitir ainda alguma influência direta de Deus sobre a criação? E, se é razoável supor isso no tocante a qualquer parte da criação, é especialmente assim no tocante às criaturas racionais e inteligentes, logo abaixo de Deus na gradação das diferentes ordens de seres e cujo trato é mais diretamente com Deus, que foram feitas propositalmente para os atos referentes a Ele, nos quais elas têm intimamente a ver com Deus, porque a razão ensina que o homem foi feito para servir e glorificar ao seu Criador. E, se é racional supor que Deus se comunicasse diretamente com o homem em algum assunto, o assunto seria este. É racional supor que Deus reservaria esse conhecimento e sabedoria, de tão divina e excelente natureza, para serem concedidos diretamente por Ele mesmo e não deixados ao poder de causas secundárias. A sabedoria e a graça espirituais são a dádiva mais elevada e excelente concedida por Deus a qualquer criatura: nisso consiste a mais elevada excelência e perfeição de uma criatura racional. Ela é também imensamente a mais importante de todas as dádivas divinas, aquela em que consiste a felicidade do homem e da qual depende o seu bem-estar eterno. Quão racional é supor que Deus, ainda que tenha deixado bens e dádivas inferiores para causas secundárias, e de algum modo no poder delas, reserve essa mais excelente, divina e importante de todas as comunicações divinas, que está em Suas próprias mãos, para ser concedida diretamente por Ele mesmo, como algo demasiadamente grande para envolver uma causa secundária!

É racional supor que essa bênção deva vir diretamente de Deus, pois não há dádiva ou benefício que esteja, em si mesmo, tão relacionado à natureza divina. Não há coisa alguma que a criatura receba que seja tanto de Deus, de Sua natureza, que seja tanto uma participação da divindade. Ela é uma espécie de emanação da beleza de Deus e está relacionada a Ele como a luz está relacionada ao Sol. Portanto, é congruente e adequado que, quando for dada por Deus, seja diretamente dele mesmo e por Ele mesmo, conforme a Sua própria vontade soberana.

É racional supor que deva estar além do poder de um homem obter tal conhecimento e luz pela mera força da razão natural, visto que não pertence à razão ver a beleza e a graciosidade das coisas espirituais. Não é algo especulativo, e sim depende da percepção do coração. A razão é, de fato, necessária para isso, porque somente pela razão nos tornamos os sujeitos dos meios dessa beleza e graciosidade, meios que eu já mostrei serem necessários para isso, embora não tenham uma causa adequada no caso. É pela razão que nos tornamos possuidores de uma percepção das doutrinas que são o foco dessa luz divina, e a razão pode, de muitas maneiras, ser indireta e remotamente uma vantagem para ela. E a razão também tem a ver com os atos imediatamente consequentes a tal descoberta: ver a verdade da religião a partir daí é pela razão, embora seja apenas por um passo e a inferência seja imediata. Assim, a razão tem a ver com a aceitação e a confiança em Cristo, *que* é consequente disso. Porém, se tomarmos a *razão* estritamente — não pela faculdade de percepção mental em geral, mas pelo raciocínio, ou um poder de inferir por argumentos —, a percepção da beleza e excelência espiritual não pertence mais à razão do que à percepção sensorial de distinguir cores ou do que ao poder de ver para perceber o encanto dos alimentos. Está fora do âmbito da razão perceber a beleza ou o encanto de qualquer coisa: tal percepção não pertence a essa faculdade. O trabalho da razão é perceber a verdade e não a excelência. Não é o raciocínio o que fornece aos homens a percepção da beleza e do encanto de um semblante, embora possa ser, de muitas maneiras, indiretamente uma vantagem para ela. Contudo, a razão não percebe isso diretamente mais do que percebe a doçura do mel. Isso depende da percepção do coração. A razão pode determinar que um semblante é belo para os outros, pode determinar que o mel é doce para os outros, mas nunca me dará uma percepção da sua doçura.

4. Concluirei com um breve acréscimo ao que foi dito.

a) *Essa doutrina pode nos levar a refletir acerca da bondade de Deus, que ordenou que uma evidência salvadora da verdade do evangelho é tal que pode ser alcançada por pessoas de poucas capacidades e vantagens, bem como pelas das melhores camadas e erudição.* Se a prova do evangelho dependesse somente da história e de raciocínios dos quais somente os homens eruditos são capazes, ela estaria fora do alcance da maior parte da humanidade. Porém, pessoas com um grau comum de conhecimento são capazes de ver, sem uma longa e sutil linha de raciocínio, a divina excelência das coisas da religião. Elas são capazes de ser ensinadas pelo Espírito de Deus tanto quanto os homens eruditos. A prova assim obtida é enormemente melhor e mais satisfatória do que tudo que pode ser obtido pelas discussões dos mais eruditos e dos maiores mestres da razão. As criancinhas são tão capazes de entender essas coisas espirituais quanto os sábios e prudentes; enquanto estes são praticamente excluídos desse conhecimento, e essas coisas ocultas a eles, com frequência, elas são reveladas a tais criancinhas.

> *Irmãos, reparai, pois, na vossa vocação; visto que não foram chamados muitos sábios segundo a carne, nem muitos poderosos, nem muitos de nobre nascimento; pelo contrário, Deus escolheu as coisas loucas do mundo...*
> (1 CORÍNTIOS 1:26-27)

b) *Essa doutrina pode muito bem nos levar a examinar a nós mesmos, se já tivemos essa luz divina, que foi descrita, introduzida em nossa alma.* Se há, de fato, tal coisa e não é apenas uma noção ou um capricho de pessoas de cérebros fracos e destemperados, sem dúvida é algo de grande importância se de fato assim fomos ensinados pelo Espírito de Deus; se a luz do glorioso evangelho de Cristo, que é a imagem de Deus, resplandeceu sobre nós, dando-nos a luz do conhecimento da glória de Deus na face de Jesus Cristo; se vimos o Filho e cremos nele, ou temos tal fé nas doutrinas do evangelho que surge da visão espiritual de Cristo.

c) *Todos podem, portanto, ser exortados a buscar fervorosamente essa luz espiritual.* Para influenciar o leitor e movê-lo a isto, as seguintes coisas podem ser consideradas:

Primeiro, essa é a mais excelente e divina sabedoria de que qualquer criatura é capaz. Ela é mais excelente do que qualquer aprendizado humano. Muito mais excelente do que todo o conhecimento dos maiores filósofos ou estadistas. Sim, o mínimo vislumbre da glória de Deus na face de Cristo exalta e enobrece mais a alma do que todo o conhecimento dos que têm o maior entendimento especulativo em teologia, mas desprovidos da graça. Esse conhecimento tem o objetivo mais nobre que há ou pode haver, a saber, a glória divina ou excelência de Deus e de Cristo. O conhecimento dessas realidades é aquilo em que consiste o mais excelente conhecimento dos anjos — sim, conhecer o próprio Deus.

Segundo, esse conhecimento é mais doce e alegre do que todos os outros. Os homens têm grande prazer no conhecimento humano, nos estudos das coisas naturais. Porém, isso é nada em comparação com a alegria que provém dessa luz divina brilhando no âmago da alma. Essa luz fornece uma visão das coisas mais primorosamente belas e capazes de encantar os olhos do entendimento. Essa luz espiritual é a aurora da luz da glória no coração. Nada há de tão poderoso quanto isso para apoiar as pessoas aflitas e dar à mente paz e brilho neste mundo tempestuoso e tenebroso.

Terceiro, essa luz é de um tipo que influencia efetivamente a inclinação e transforma a natureza da alma. Ela assimila a nossa natureza à natureza divina e transforma a alma em uma imagem da glória contemplada.

E todos nós, com o rosto desvendado, contemplando, como por espelho, a glória do Senhor, somos transformados, de glória em glória, na sua própria imagem, como pelo Senhor, o Espírito. (2 CORÍNTIOS 3:18)

Tal conhecimento a afastará do mundo e aumentará a sua inclinação para as coisas celestiais. Voltará o coração para Deus como a fonte do bem e o escolherá como única porção. Essa luz, e somente ela, levará a alma a uma proximidade salvadora com Cristo. Ela conforma o coração ao evangelho e mortifica sua inimizade e oposição contra o processo salvífico nele revelado. Faz com que o coração abrace as boas-novas e, inteiramente, acate e aquiesça à revelação de Cristo como nosso Salvador. Faz com que toda a alma entre em acordo e se harmonize com ela, admitindo-a com total crédito e respeito, aderindo a ela com plena inclinação e afeição, e, efetivamente, dispõe a alma a entregar-se plenamente a Cristo.

Quarto, essa luz, e somente ela, tem como fruto a santidade de vida universal. Nenhum entendimento meramente intelectual ou especulativo das doutrinas da religião jamais levará a isso. Essa luz, porém, ao atingir o cerne do coração e transformar a natureza, disporá efetivamente a uma obediência universal. Ela mostra que a dignidade de Deus deve ser obedecida e servida. Ela atrai o coração a um amor sincero a Deus, que é o único princípio de uma obediência verdadeira, graciosa e universal, e convence da realidade das gloriosas recompensas prometidas por Deus aos que lhe obedecem.

LOUVOR, UMA DAS PRINCIPAIS OCUPAÇÕES DO CÉU[12]

*Ouvi uma voz do céu como voz
de muitas águas, como voz de grande trovão;
também a voz que ouvi era como de harpistas
quando tangem a sua harpa.*

(APOCALIPSE 14:2)

Em tais palavras, podemos observar:

Primeiro, o que João ouviu, a saber, a voz e melodia de uma hoste louvando a Deus. No versículo seguinte, é dito que eles entoavam uma nova canção diante do trono.

---

[12] Sermão de Ação de Graças, 7 de novembro de 1734.

Segundo, de onde ele ouviu essa voz; ele diz: "Ouvi uma voz do céu". Essa hoste que ele ouviu louvando a Deus estava no Céu. No versículo seguinte, é dito: "Entoavam novo cântico diante do trono, diante dos quatro seres viventes e dos anciãos..." (AP 14:3). O trono de Deus, os quatro seres viventes e os anciãos[13] são representados nessas visões de João como estando no Céu. De modo que essa voz era a voz dos habitantes celestiais, a voz da bendita e gloriosa hoste que está no Céu, diante do trono de Deus.

Terceiro, o tipo de voz, aqui apresentado de maneira muito vívida e elegante. Ele é dito ser como voz de muitas águas, voz de poderosos trovões e voz de harpistas tocando suas harpas.

Aqui, várias coisas são representadas de maneira muito admirável.

a) *A distância da voz.*

b) *A voz era de uma vasta e inumerável multidão, de modo que era como a voz de muitas águas.* Quão naturalmente isso representa a voz conjunta, contínua e alta de uma vasta multidão à distância, que se assemelha à voz de muitas águas?

c) *O volume da voz.* Era como voz de muitas águas e a voz de um grande trovão. Isso descreve o extraordinário fervor de seus louvores, quão vívidos e vigorosos eles eram nisso, e como todos louvavam a Deus com todas as suas forças. Todos eles,

---

[13] Referente aos 24 anciãos citados em Apocalipse 4:4,10; 5:8; 11:16; 19:4.

unidos, cantavam com tanto fervor que o Céu, por assim dizer, ressoava com os seus louvores. O ruído do trovão e o rugido de muitas águas são os maiores e mais majestosos sons já ouvidos na Terra e são frequentemente mencionados nas Escrituras como os sons mais poderosos. João não conseguiu distinguir o que eles cantavam, mas, por eles estarem no Céu a grande distância, ele não soube a que melhor compará-lo do que o rugido do mar ou a um grande trovão.

d) *Contudo, era um som melodioso,* representado pela expressão "a voz que ouvi era como de harpistas quando tangem a sua harpa". A harpa era um instrumento de cordas que Davi usava bastante para louvar a Deus. João descreve que, por estar a grande distância, a voz que ele ouviu era indistinta e, sendo de tão vasta multidão e tão poderosa e fervorosa que se parecia um pouco com um trovão distante ou o rugido de água, ainda assim ele conseguia perceber a música da voz ao mesmo tempo. Embora ela fosse, em alguns aspectos, semelhante a trovão e ruído de água, havia nela uma melodia agradável e excelente.

Em suma, essas comparações usadas por João para nos indicar que tipo de voz e som ele ouviu são extremamente vívidas e elegantes. Contudo, a partir delas, parece ser evidente que o que ele ouviu era inexprimível e que ele não conseguiu encontrar algo que conseguisse representá-la perfeitamente. Não conseguimos conceber facilmente que uma voz seja como a voz de muitas águas, de um grande trovão e, ainda, de harpistas. Porém, ocorre que João não conseguiu encontrar qualquer som terreno que fosse suficiente ao qual assemelhá-la. Por isso, essas similitudes tão diversas e diferentes são agregadas e combinadas para representá-la. Todavia, parece ter muito significado ela parecer ser a voz de uma multidão inumerável, extremamente fervorosa e poderosa em seus louvores. A voz dessa multidão era muito grande e extremamente cheia de majestade, e, ainda assim, uma voz muito agradável e, ao mesmo tempo, melodiosa.

DOUTRINA

A ocupação dos santos no Céu consiste, em grande parte, em louvar a Deus.

1. Proposição. Os santos no Céu têm ocupação.
Eles não ficam ociosos. Eles têm muito a fazer. Diante deles há uma ocupação que se estenderá por toda a eternidade.

Nós não devemos supor que, quando os santos tiverem terminado sua carreira e feito as obras a eles designadas aqui neste mundo, sendo levados ao fim de sua jornada para a casa de seu Pai, eles nada terão para fazer. É verdade que, quando chegam ao Céu, os santos descansam de seus esforços e suas obras os seguem. O Céu não é um lugar de esforço e fadiga, mas um lugar de repouso (VEJA HEBREUS 4:9). Resta um descanso para o povo de Deus, e é um lugar de recompensa pelo esforço. Todavia, o descanso no Céu não consiste em ociosidade e no cessar de toda ação, e sim apenas no término de todos os problemas, labutas e tédios do agir. O descanso mais perfeito é consistente com estar continuamente ocupado.

Assim é no Céu. Embora os santos sejam extremamente ativos, sua atividade é perfeitamente isenta de todo esforço, cansaço ou aborrecimento. Eles descansarão de seu trabalho, isto é, de toda obra de esforço e abnegação, dor, cuidado e vigilância, mas não cessarão de agir. Os santos na glória são representados como ocupados em servir a Deus, assim como os santos na Terra, porém sem qualquer dificuldade ou oposição. "Nunca mais haverá qualquer maldição. Nela, estará o trono de Deus e do Cordeiro. Os seus servos o servirão" (AP 22:3). Sim, nos é dito que eles servirão a Deus dia e noite, isto é, continuamente, sem cessar: "...razão por que se acham diante do trono de Deus e o servem de dia e de noite no seu santuário..." (AP 7:15). Contudo, isso será sem qualquer tipo de problema, como diz o versículo seguinte: "Jamais terão fome, nunca mais terão sede, não cairá sobre eles o sol, nem ardor algum" (v.16). Neste mundo, os santos trabalham, por assim dizer, sob o fatigante calor do Sol. Lá, porém, embora eles ainda devam servir a Deus, o Sol não brilhará sobre eles, nem haverá calor. Em certo sentido, no Céu os santos nem os anjos descansam de dia ou à noite (VEJA APOCALIPSE 4:8), ou seja, a sua bendita ocupação jamais cessa.

A perfeição da felicidade não consiste em ociosidade. Pelo contrário, consiste muito em ação. Os anjos são espíritos benditos, porém extremamente ativos em servir a Deus. Eles são como uma chama de fogo, a coisa mais ativa que vemos neste mundo. O próprio Deus desfruta de infinita felicidade e perfeita bem-aventurança. Ainda assim, não é inativo. É um ato perfeito em Sua própria natureza e está continuamente trabalhando para realizar os Seus próprios propósitos e fins. O princípio de santidade que se apresenta em tal perfeição nos santos no Céu é um princípio extremamente ativo, de modo que, embora desfrutem de um perfeito descanso, são muito mais ativos do que quando estavam neste mundo.

Aqui, eles eram extremamente lentos, pesados e inativos, mas lá são, agora, uma labareda de fogo. Os santos no Céu não são meramente passivos em sua felicidade. Eles não usufruem de Deus apenas passivamente, mas ativamente. Eles não são apenas movidos por Deus, e sim se movem mutuamente em relação a Ele. Nessa ação e reação consiste a felicidade celestial.

2. Proposição. A ocupação deles consiste, em grande parte, em louvar a Deus.

João, o discípulo amado, tinha frequentes visões do Céu e, em quase todos os casos, uma visão dos habitantes de lá louvando a Deus. Por isso, em Apocalipse 4, ele relata que olhou e viu que uma porta se abriu no Céu, foi chamado para lá e viu o trono de Deus e Aquele que estava sentado no trono. Ali ele descreve como aqueles que estavam ao redor do trono louvavam a Deus. Os quatro seres viventes não descansam, nem de dia nem à noite, dizendo: "Santo, Santo, Santo é o Senhor Deus, o Todo-Poderoso, aquele que era, que é e que há de vir" (AP 4:8). E, quando aqueles seres viventes dão glória, honra e graças ao Senhor, os 24 anciãos se prostram diante dele e o adoram. No capítulo 5, temos novamente um relato de como eles cantam louvores a Cristo (VEJA APOCALIPSE 5:8-14; 7:9-12; 11:16-17; 12:10; 15:2-4). E, no início do capítulo 19, temos um relato de como as hostes celestiais cantam aleluias a Deus. Por tudo que parece mais evidentemente, a ocupação deles consiste em louvar a Deus e a Cristo. Nós temos apenas um conhecimento muito imperfeito do estado futuro de bem-aventurança e da ocupação deles. Sem dúvida, eles têm diversas ocupações ali. Não podemos inquirir razoavelmente, mas estão ocupados em contribuir para o deleite mútuo. Eles devem viver juntos em sociedade. Provavelmente, também estarão ocupados em contemplar a Deus, Suas gloriosas perfeições e obras, adquirindo, assim, conhecimento dessas coisas. E, sem dúvida, estarão ocupados de muitas maneiras das quais nada sabemos. Mas podemos determinar que boa parte de sua ocupação consiste em louvar a Deus, pelas razões a seguir.

a) *Porque lá eles veem a Deus.* Uma bem-aventurança prometida aos santos é que eles "...verão a Deus" (MT 5:8). Ver a Deus demonstra suficientemente a razão para louvá-lo. Quem vê a Deus não tem como não o louvar. Ele é um Ser de tamanhas glória e excelência que a visão de Sua excelência levará necessariamente aqueles que o contemplam a louvá-lo. Uma visão assim gloriosa despertará todos os poderes da alma, os impelirá irresistivelmente, e os levará a atos de louvor. Tal visão amplia sua alma e os enche de admiração e uma indescritível exultação do espírito.

Pelo pouco que viram de Deus e sabem dele neste mundo, os santos ficam empolgados em louvá-lo na mesma proporção em que o fazem neste mundo, mas aqui eles veem apenas como em um espelho, obscuramente. Somente esporadicamente eles têm um pequeno vislumbre da excelência de Deus. Porém, depois verão a glória transcendente e a divina excelência de Deus direta e plenamente. Eles habitarão em Sua presença gloriosa imediata e o verão face a face (VEJA 1 CORÍNTIOS 13:12). *Agora*, os santos veem a glória de Deus, mas por uma luz refletida, como nós, à noite, vemos a luz do Sol refletida pela Lua. No Céu, porém, eles contemplarão diretamente o Sol da justiça e olharão diretamente para Ele quando brilha em toda a Sua glória. Sendo assim, não pode ser de outro modo senão eles se empenharem em louvar a Deus. Quando eles contemplarem o glorioso poder de Deus, não poderão deixar de louvar tal poder. Quando virem a sabedoria de Deus, tão maravilhosa e infinitamente superior a toda sabedoria criada, não poderão senão louvar continuamente essa sabedoria. Quando virem a santidade infinitamente pura e adorável de Deus, em comparação à qual os próprios céus não são puros, não poderão evitar louvar, com um coração exaltado, a beleza da natureza divina! Quando virem a infinita graça de Deus e que oceano ilimitado de misericórdia e amor Ele é, não poderão fazer algo que não seja celebrar essa graça com o mais elevado louvor!

b) *Eles terão outra percepção da grandiosidade dos frutos da misericórdia de Deus, diferente da que temos aqui neste mundo.* Eles não só terão uma visão dos gloriosos atributos da bondade e misericórdia do Senhor em sua visão beatífica de Deus, mas também serão sensíveis à extrema grandiosidade dos frutos dela, a grandiosidade dos benefícios que Ele concedeu. Eles terão outra percepção da grandiosidade e multiplicidade das transmissões de Sua bondade para a Sua criação em geral. Eles terão maior consciência de como Deus é a fonte de todo o bem, o Pai das luzes, de quem procede "toda boa dádiva e todo dom perfeito" (TG 1:17). Agora, mal consideramos, em comparação com o que deveríamos, quão repleto o mundo está da bondade de Deus e como ela aparece com toda a sua plenitude no Sol, na Lua e nas estrelas, no solo e nos mares, e para onde quer que voltemos nossos olhos; e como todas as classes e ordens de seres, do mais elevado anjo ao mais ínfimo inseto, dependem da bondade de Deus e são mantidas por ela. Isso pode ser visto claramente pelos santos que estão no Céu. Eles veem como o Universo está repleto da bondade do Senhor, e como as transmissões de tal bondade emanam incessantemente de Deus como de uma fonte que sempre flui e são mui profusamente derramadas em todas as partes do Céu e da Terra, assim como a luz é difundida a partir do Sol a todo momento.

Nós temos apenas vagas noções imperfeitas dessas coisas, mas os santos do Céu as veem com perfeita clareza. Eles têm uma percepção diferente da nossa quanto à grandeza da bondade de Deus para com a humanidade e a Igreja, e para com eles em particular. Eles têm outra percepção da grandeza da bondade de Deus nas misericórdias temporais que Ele lhes concedeu enquanto estavam aqui neste mundo, embora saibam que as misericórdias espirituais são infinitamente maiores. Porém, especialmente, eles têm uma percepção imensamente maior da excepcional grandeza dos frutos da graça e misericórdia de Deus concedidos na redenção. Eles têm outra percepção de quão grande é a dádiva do Filho unigênito de Deus. Eles têm outra percepção da grandeza e dignidade da pessoa de Cristo, de quão grande foi Ele se tornar homem, e de quão grande foi Ele entregar a Sua vida e suportar a vergonhosa e maldita morte na cruz. Eles têm outra percepção de quão grandes são os benefícios que Cristo adquiriu para os homens, quão grande misericórdia é ter o pecado perdoado e ser livrado do sofrimento do inferno. Eles têm outra percepção de quão terrível é esse sofrimento, visto que os condenados são atormentados na presença dos santos anjos e dos salvos, que veem a fumaça do seu tormento. Eles têm outra percepção do que é a eternidade, e, assim, são proporcionalmente mais conscientes da grande misericórdia que é ser livrado de tal tormento. Eles têm outra percepção de quão grandioso fruto da graça de Deus é ser filhos de Deus e ter direito à glória eterna.

Por sua experiência, eles têm consciência da grandeza dos benefícios adquiridos por Cristo, porque possuem a bem-aventurança e glória adquiridas por Ele. Eles provam sua doçura. Por isso, são mais sensíveis ao motivo que têm de louvar a Deus por essas coisas. A graça e a bondade de Deus na obra da redenção lhes parecem tão maravilhosas que seus pensamentos a esse respeito os empolgam ao mais ardente louvor. Ao observar a graça de Deus e o amor de Cristo na redenção, eles veem que há motivo para exercerem o máximo de suas capacidades e viverem a eternidade louvando a Deus e ao Cordeiro. Na melhor das hipóteses, nós conseguimos conceber um mínimo da grandeza dos benefícios da redenção. Por isso, somos minimamente afetados por ela, e nossos louvores a ela são fracos e enfadonhos.

c) *Outra razão é que eles serão perfeitos em humildade.* Para estar corretamente inclinada à obra do louvor, uma pessoa precisa ser humilde. O soberbo assume todo o louvor para si mesmo e não está disposto a atribuí-lo a Deus. Somente a humildade nos capacitará a dizer, de coração: "Não a nós, SENHOR, não a nós, mas ao teu nome dá glória..." (SL 115:1). A pessoa humilde admira a bondade e a graça de Deus para com ela. Ela vê melhor quão maravilhoso é Deus se dar conta dela e demonstrar tal bondade para com ela, que está tão abaixo da Sua percepção.

Ora, os santos do Céu têm essa graça da humildade aperfeiçoada neles. Eles superam os santos da Terra tanto em humildade quanto em outras graças. Embora estejam muito acima dos santos da Terra em santidade e em seu estado exaltado, eles são muitíssimo mais humildes do que os santos da Terra. Quanto maior é sua honra e felicidade, mais humildes eles são. E a razão disso é que eles conhecem mais de Deus. Eles veem mais da Sua grandeza e infinita excelência. Por isso, são mais conscientes de quão maravilhoso é Deus os perceber tanto, ter tal comunhão com eles e lhes dar uma alegria tão completa dele.

Eles têm muito mais percepção de quão indignas criaturas foram, para Deus lhes conceder tais misericórdias em vez de aos santos da Terra. Eles têm uma visão mais ampla do mal do pecado. Eles veem mais que imundas criaturas vis eles eram por natureza, e quão terrivelmente provocaram a Deus por pecado real, e como mereceram Seu ódio e Sua ira. Os santos do Céu têm uma consciência muito maior de sua indignidade em seu estado natural do que os santos da Terra, por terem uma percepção maior da gloriosa excelência de Deus. Porque a visão da excelência de Deus é o que lhes fornece uma visão de sua própria indignidade. Por isso, eles admiram proporcionalmente o amor de Deus por eles em entregar Cristo para morrer por eles, e o amor de Cristo em estar disposto a oferecer-se por seus pecados, e a maravilhosa misericórdia de Deus em sua conversão e ao conceder-lhes a vida eterna. A percepção humilde que os santos têm de sua própria indignidade engaja e amplia grandemente seu coração em louvor a Ele por Sua infinita misericórdia e graça.

d) *Seu amor a Deus e a Cristo será perfeito.* O amor é o principal ingrediente da graça da gratidão. Há uma gratidão falsa na qual não há amor, mas o amor é exercido em toda gratidão sincera. Quanto maior for o amor de qualquer pessoa, mais ela estará disposta a louvar. O amor fará com que ela se deleite na obra. Quem ama a Deus busca proporcionalmente a Sua glória e ama dar glória a Ele.

Ora, o coração de todos os santos do Céu é, por assim dizer, uma pura chama de amor. O amor é a graça que nunca falha. Se houver profecias, falharão; se houver conhecimento, desaparecerá. A fé cessará na visão e a esperança, na fruição, mas o amor nunca falhará (VEJA 1 CORÍNTIOS 13:8). A graça do amor será exaltada à sua maior altura e perfeição no Céu. E o amor se expressará como louvor. O Céu ressoará com louvor porque está repleto de amor a Deus. Essa é a razão para aquela grande assembleia, aquela inumerável hoste, louvar a Deus com tanto ardor a ponto de o seu louvor ser como a voz de muitas águas e como os poderosos trovões, por essa hoste ser inspirada por tão ardente, vigoroso e poderoso princípio de amor divino.

APLICAÇÃO

1. Este tema pode ser aplicado à guisa de *instrução*.

a) *Por isso, podemos conhecer a excelência dessa obra de louvar a Deus.* Ela ser uma ocupação excelente transparece por ser uma ocupação celestial. É a obra na qual os santos e anjos se ocupam continuamente.

Se louvarmos a Deus com sinceridade e frequência, seremos nisso semelhantes aos habitantes celestiais e nos uniremos a eles.

O fato de ser a obra do Céu demonstra que ela é a obra mais honrosa. Para um homem, nenhuma ocupação pode ter uma honra maior do que louvar a Deus. A dignidade peculiar da natureza humana, e exatamente aquilo em que a sua natureza é exaltada acima das coisas sem razão e das coisas inanimadas, é o homem ser tornado capaz de glorificar ativamente ao seu Criador. Outras criaturas glorificam a Deus. O Sol, a Lua e as estrelas, a Terra e as águas, e todas as árvores do campo, a grama e as ervas, e os peixes e insetos glorificam a Deus (VEJA SALMO 19:1-6 E JÓ 12:7-8). Porém, a dignidade peculiar da natureza humana é ser capaz de glorificá-lo como uma causa, por intenção, com compreensão e voluntariamente, e isso é uma obra celestial.

b) *Essa doutrina pode nos dar uma ideia do estado glorioso e feliz dos santos do Céu.* Ela mostra como eles despendem seu tempo alegre e gloriosamente. A alegria é um grande ingrediente do louvor. Há uma exultação do espírito no louvor fervoroso. O louvor é a obra mais alegre do mundo. E quão alegre sociedade são os que se unem aos milhares e milhões, com um só coração e uma só alma, para cantar uma nova canção diante do trono, a qual enche o Céu com gloriosa melodia deles! A alegria deles em sua obra transparece no texto por seu fervor nela, de modo que suas vozes ressoavam como a voz de muitas águas e como a voz de um grande trovão. Que inefável alegria havia naqueles harpistas que João ouviu tocando suas harpas!

Isso mostra em quão diferente estado os santos estão no Céu em relação ao estado daqueles que estão neste mundo. Aqui, grande parte da obra para a qual os santos são chamados consiste em labutar, lutar, viajar exaustivamente por um deserto árido e uivante, em lamentar e sofrer, e em oferecer fortes clamores e lágrimas. No Céu, porém, sua ocupação é elevar continuamente suas alegres canções de louvor.

Este mundo é um vale de lágrimas, um mundo cheio de suspiros e gemidos. Uma pessoa está gemendo por alguma dor física. Outra está enlutada e se lamentando por um amigo querido que partiu. Outra está clamando por causa do braço do opressor. No Céu, porém, não há uma mistura de sons como esses. Nada há para ser ouvido entre eles senão a doce e gloriosa melodia dos louvores a Deus. Uma santa alegria pode ser vista em toda aquela bendita comunidade. "E [Deus] lhes enxugará dos olhos toda lágrima, e a morte já não existirá, já não haverá luto, nem pranto, nem dor..." (AP 21:4). Eles nunca terão mais nada a ver com suspirar e chorar. Sua obra eterna daqui em diante será o louvor.

Isso deve nos fazer ansiar pelo Céu, onde eles vivem tão alegre e gloriosamente. Os santos, especialmente, têm motivos para aspirar fervorosamente àquele estado de felicidade, onde podem, de maneira tão alegre, louvar a Deus.

c) *Isso pode levar as pessoas naturais a refletir sobre seu próprio estado de não ter parte nem quinhão nesse assunto.* Você é um estrangeiro da comunidade de Israel. Não é um membro do povo de Deus. Não pertence à sociedade deles, que passará a eternidade futura da maneira alegre de que você agora ouviu falar. Você não tem direito nem porção no

Céu. Se, no porvir, você se oferecer para ser admitido nessa sociedade bendita em seu estado atual, e tentar ser admitido, será expulso. Você será enxotado. Se você for, bater à porta e clamar para ser admitido no casamento, dizendo: "Senhor, abre-nos a porta" (LC 13:25), tudo será em vão! Você não ouvirá qualquer outra palavra, exceto: "Vá embora!". Você será trancado nas trevas do lado de fora. Não terá permissão para cantar entre as crianças, mas será expulso, para uivar entre os cães.

Bem-aventurados aqueles que lavam as suas vestiduras [no sangue do Cordeiro], para que lhes assista o direito à árvore da vida, e entrem na cidade pelas portas. Fora ficam os cães... (APOCALIPSE 22:14-15)

Você corre o risco de passar a eternidade sem cantar louvores com alegria, e sim de maneira totalmente contrária: em choro, pranto e ranger de dentes, e blasfemando contra Deus devido às suas dores e pragas. Você verá outros vindo do leste e do oeste, sentando-se com Abraão, Isaque e Jacó no reino de Deus, tomando seus lugares entre aquela feliz comunidade bendita e unindo suas vozes à música celestial dela. Você, porém, vê o seu quinhão. Você terá outra obra a fazer. "...os meus servos cantarão por terem o coração alegre, mas vós gritareis pela tristeza do vosso coração e uivareis pela angústia de espírito" (IS 65:14).

2. À guisa de *exortação*.
Se é verdade que louvar a Deus é, em grande parte, a ocupação do Céu, que todos sejam exortados à obra e ao dever

de louvá-lo. As considerações a seguir demonstrarão porque devemos ser estimulados a essa obra por essa doutrina.

a) *Considere-se que a Igreja da Terra forma uma só comunidade com os santos que estão louvando a Deus no Céu.* Não há uma Igreja de Jesus Cristo no Céu e outra aqui na Terra. Embora a primeira seja, às vezes, chamada de Igreja triunfante e a segunda, Igreja militante, na verdade elas não são duas Igrejas. Por Igreja triunfante, entende-se a parte triunfante da Igreja e, por Igreja militante, a sua parte militante; porque há apenas uma única Igreja ou universal. "Mas uma só é a minha pomba, a minha imaculada [...] a única..." (CT 6:9). Cristo tem muitos membros. A assembleia gloriosa e os santos da Terra formam uma única família: "...de quem toma o nome toda família, tanto no céu como sobre a terra..." (EF 3:15). Embora alguns estejam no Céu e alguns na Terra, em circunstâncias muito diferentes, eles estão todos unidos, porque "há somente um corpo e um Espírito [...] há um só Senhor [...] um só Deus e Pai de todos, o qual é sobre todos, age por meio de todos e está em todos" (EF 4:4-6). Deus uniu em Cristo os habitantes do Céu e os santos habitantes desta Terra, e os tornou um.

> *...de fazer convergir nele [Cristo], na dispensação da plenitude dos tempos, todas as coisas, tanto as do céu, como as da terra.* (EFÉSIOS 1:10)

O Céu está muito longe da Terra, pois ele "não é deste mundo" (JO 18:36). Contudo, a distância do lugar não os separa de modo a formar duas comunidades, porque, embora estejam, no momento, distantes do Céu, os santos da Terra pertencem a ele. Essa é a casa adequada para eles. Os santos que estão neste mundo são estrangeiros aqui. Por isso, o apóstolo reprovou os cristãos de seu tempo por agirem como se pertencessem a este mundo: "...por que, como se vivêsseis no mundo, vos sujeitais a ordenanças...?" (CL 2:20).

Algumas pessoas de um povo podem estar em sua própria terra, e outras, em uma terra estranha; e, mesmo assim, serem um só povo. Alguns membros de uma família podem estar em casa, e outros, no exterior; e, ainda assim, serem uma só família. Embora não estejam no Céu, os santos da Terra têm sua herança no Céu. Eles estão a caminho do Céu e chegarão lá dentro de pouco tempo. Eles são parentes próximos dos santos do Céu. São seus irmãos, filhos do mesmo Pai e coerdeiros com Jesus Cristo. Em Efésios 2:19, os santos da Terra são considerados "concidadãos dos santos e [...] da família de Deus". E o apóstolo diz aos hebreus cristãos:

> ...*tendes chegado ao monte Sião e à cidade do Deus vivo, a Jerusalém celestial, e a incontáveis hostes de anjos, e à universal assembleia e igreja dos primogênitos arrolados nos céus, e a Deus, o Juiz de todos, e aos espíritos dos justos aperfeiçoados, e a Jesus, o Mediador da nova aliança...* (HEBREUS 12:22-24)

Porém, de que maneira eles *chegaram* a essa cidade celestial e à gloriosa assembleia quando ainda estavam aqui na Terra? Eles chegaram até a essa reunião celeste antes de serem levados e unidos a ela na mesma família.

Porém, o que quero inculcar com tudo isso é que a Igreja de Cristo na Terra deve estar ocupada na mesma obra que os santos do Céu, porque são a mesma comunidade. Por serem uma única família e terem um único Pai e uma única herança, eles devem ter uma única obra. A Igreja da Terra deve se unir aos santos do Céu em sua ocupação, porque, por Sua graça, Deus os uniu em uma única comunidade.

Nós professamos ser do povo visível de Deus, cristãos e não pagãos. Portanto, pertencentes à Igreja de Cristo. Professamos, portanto, pertencer à mesma comunidade e não cumpriremos a nossa profissão se não nos ocuparmos com a mesma obra.

b) *Considere-se que todos nós esperamos estar na eternidade com os santos do Céu e na mesma obra de louvar a Deus.* Talvez, não haja nenhum de nós que não deseje ser um santo do Céu e, ali, cantar continuamente louvores a Deus e ao Cordeiro. Porém, quão incongruente será com tal esperança viver negligenciando louvar a Deus agora! Nós devemos começar agora a obra que pretendemos que seja a obra do outro mundo, porque esta vida nos é concedida com o propósito de que possamos nos preparar para a vida futura.

O estado atual é um estado de provação e preparação, um estado de preparação para os prazeres e a ocupação de outro estado futuro e eterno. E jamais alguém é admitido a esses prazeres e ocupações se não estiver preparado para eles aqui. Se quisermos ir para o Céu algum dia, precisamos estar preparados para o Céu neste mundo.

Precisamos ter aqui a nossa alma moldada e preparada para essa obra e felicidade. Ela precisa ser formada para o louvor e iniciar sua obra aqui. O início das coisas vindouras está neste mundo. A semente precisa ser semeada aqui. As fundações precisam ser colocadas neste mundo. Aqui são estabelecidas as fundações do sofrimento e da felicidade futuros. Se isso não for iniciado aqui, nunca será. Se o nosso coração não estiver, em alguma medida, afinado para louvar neste mundo, nunca faremos coisa alguma na obra do porvir.

A luz precisa alvorecer neste mundo. Caso contrário, o Sol nunca se levantará no próximo. Como, portanto, todos nós desejamos e esperamos fazer parte da bendita comunidade que louva a Deus no Céu, devemos nos habituar à obra agora.

c) *As obras da misericórdia de Deus pelas quais os santos do Céu o louvarão principalmente foram realizadas entre nós neste mundo.*

A misericórdia e a graça de Deus, pelas quais os santos do Céu o louvarão principalmente, é a Sua misericórdia exercida na obra da redenção, realizada neste mundo. Esse amor a Deus é o principal objeto da admiração deles, o que eles mais contemplam e o que ocupa os seus mais ardentes louvores.

A graça de Cristo, que os santos se ocuparão especialmente em louvar, é Ele amar o pecador a ponto de responsabilizar-se por ele, tomar sua natureza humana e dar Sua vida por ele. Descobrimos que esse é o tema dos seus louvores no último livro da Bíblia:

> *E, havendo tomado o livro, os quatro animais e os vinte*
> *e quatro anciãos prostraram-se diante do Cordeiro,*
> *tendo todos eles harpas e salvas de ouro cheias de incenso,*
> *que são as orações dos santos. E cantavam um novo*

cântico, dizendo: Digno és de tomar o livro, e de abrir os seus selos; porque foste morto, e com o teu sangue nos compraste para Deus. (APOCALIPSE 5:8-9 ACF)

Eles louvarão a Deus principalmente por esses frutos da Sua misericórdia, porque esses são os maiores frutos que já existiram, muito maiores do que a glorificação dos santos. Os santos do Céu louvarão a Deus por lhes conceder glória, mas a verdadeira concessão de glória sobre eles, após haver sido comprada pelo sangue de Cristo, não se iguala à sua aquisição pelo Seu sangue. Porque Cristo, o eterno Filho de Deus, tornar-se homem e entregar a Sua vida foi muito maior do que a glorificação de todos os santos que já foram ou serão glorificados, desde o início até o fim do mundo. A entrega de Cristo à morte abrange todas as outras misericórdias, porque elas vêm por meio disso. A entrega de Cristo é maior do que dar todas as outras coisas por amor a Cristo. Isso é evidenciado em Romanos: "Aquele que não poupou o seu próprio Filho, antes, por todos nós o entregou, porventura, não nos dará graciosamente com ele todas as coisas?" (RM 8:32). Assim, a obra da redenção é aquela pela qual os santos do Céu principalmente louvam a Deus. Porém, essa obra foi realizada aqui, entre nós deste mundo. "E o Verbo se fez carne e habitou entre nós..." (JO 1:14). A encarnação de Cristo aconteceu neste mundo. Os sofrimentos e a morte de Cristo também aconteceram na Terra. O Céu ficará repleto de louvores pelo que foi realizado neste mundo. Não haverá louvor na Terra, onde isso foi efetuado?

d) *Se você louvar a Deus sinceramente neste mundo, isso será um sinal de que você realmente será um dos que o louvarão no*

Céu. Se algum homem for encontrado glorificando a Deus sinceramente, no devido tempo será levado a eles como alguém apto a estar na comunidade deles. O Céu é o lugar designado para todos os que louvam a Deus sinceramente. Todos eles estarão reunidos lá. E ninguém pode louvar a Deus sinceramente se não for um dos redimidos entre os homens, alguém que Deus apartou do restante do mundo e separou para si mesmo.

e) *Começar agora a nos exercitar na obra do Céu será a maneira de termos antevisões das alegrias do Céu*. A ocupação e a felicidade andam juntas. Essa será a maneira de ter o seu coração repleto de alegria e conforto espirituais. Se louvar a Deus sinceramente, você se alegrará nele, e Ele lhe mostrará mais de si mesmo, de Sua glória e Seu amor, para que você tenha ainda mais motivo para louvar.

3. Passo a dar algumas *orientações* para a execução dessa obra.

a) *Para cumprir aceitavelmente esse dever, arrependa-se dos seus pecados e volte-se a Deus*. Se em você não foi efetuada uma obra de conversão, você nada fará para qualquer propósito nessa obra de louvor. Uma pessoa não convertida nunca louva a Deus de maneira sincera ou aceitável. Se você deseja fazer a obra dos santos do Céu, precisa — não apenas em profissão, mas de fato — fazer parte da comunidade deles, porque ninguém mais pode fazer a obra deles. Lemos no versículo seguinte ao texto inicial:

Entoavam novo cântico diante do trono, diante dos quatro seres viventes e dos anciãos. E ninguém pôde aprender o cântico, senão os cento e quarenta e quatro mil que foram comprados da terra. (APOCALIPSE 14:3)

Para a Igreja do Senhor, a assembleia dos santos ou os redimidos da Terra, 144 mil é um número místico. Ninguém mais, além desse número, pode aprender o cântico que eles cantam no Céu. Isso está além do alcance de todos os homens naturais, ainda que sejam pessoas da maior capacidade e sagacidade. Eles jamais poderão aprender tal canção celestial se não fizerem parte desse número, pois somente a instrução santificadora e salvadora do Espírito de Deus pode nos ensinar esse cântico.

b) *Esforce-se em buscar cada vez mais esses princípios de onde surge o louvor dos santos do Céu.* Você já ouviu que os santos do Céu louvam ao Senhor com tanto fervor porque o *veem*. Esforce-se, portanto, para que, embora não tenha uma visão direta de Deus como eles têm, você ainda possa ter uma nítida visão espiritual dele, conhecer mais de Deus e descobrir frequentemente coisas reveladas sobre Ele a você.

Você ouviu dizer que os santos do Céu louvam tanto em sua obra devido à sua grande percepção da grandeza e maravilha dos frutos da bondade do Senhor. Esforce-se, portanto, para impressionar mais profundamente a sua mente com essa percepção.

Os santos que estão na glória se ocupam tanto do louvor porque são perfeitos em *humildade* e têm uma grande consciência do quanto a distância entre Deus e eles é infinita.

Eles têm uma grande consciência de sua própria indignidade; de que, por natureza, são indignos de qualquer misericórdia de Deus. Por isso, esforce-se para que possa obter maior consciência de sua própria pequenez e vileza, para que possa enxergar mais o que você é, quanto mal você merecia das mãos de Deus e como é menor do que a menor de todas as Suas misericórdias.

O coração de todos os santos do Céu está inflamado com *amor* divino, que os influencia continuamente a louvar a Deus. Busque que esse princípio possa abundar em você. Então, semelhantemente, você se deleitará em louvar a Deus. Essa será, para você, uma ocupação muito doce e agradável.

c) *Em seus louvores, esforce-se para louvar a Deus, tanto quanto possível, da mesma maneira como os santos louvam no Céu.* Eles o louvam *fervorosamente*, com todo o coração e com todas as forças, conforme revelado em visão a João pelo excepcional volume do louvor deles. Portanto, esforce-se para não ser frio e enfadonho em seus louvores, e sim para que também possa louvar a Deus fervorosamente.

Os santos do Céu louvam a Deus *com humildade*. Seja também o seu prazer se humilhar, exaltar a Deus, entronizá-lo e prostrar-se aos Seus pés.

Os santos do Céu louvam a Deus *em união*. Eles o louvam com um só coração e uma só alma, na mais firme união. Esforce-se para poder louvar assim a Deus em união com o Seu povo, com o coração unido a eles em fervoroso amor e piedade, o que ajudará você grandemente a louvar e glorificar a Deus em união com eles.

4. À guisa de *censura* aos que negligenciam o *cantar* louvores a Deus.

Certamente, tal negligência não está em consonância com a esperança e expectativa de viver a eternidade nessa obra. É um decreto de Deus que não devemos louvar apenas em nossas orações, mas também cantar louvores a Ele. Isso fazia parte da adoração divina, não apenas no Antigo Testamento, mas também no Novo. Assim, lemos que Cristo e seus discípulos cantaram louvores juntos (VEJA MATEUS 26:30). Por isso é ordenado:

> ...*enchei-vos do Espírito, falando entre vós com salmos, entoando e louvando de coração ao Senhor com hinos e cânticos espirituais.* (EFÉSIOS 5:18-19)

> *Habite, ricamente, em vós a palavra de Cristo; instruí-vos e aconselhai-vos mutuamente em toda a sabedoria, louvando a Deus, com salmos, e hinos, e cânticos espirituais, com gratidão, em vosso coração.* (COLOSSENSES 3:16)

E ainda...

> ...*cantarei com o espírito, mas também cantarei com a mente.* (1 CORÍNTIOS 14:15)

Assim também os santos do Céu são representados como cantando louvores a Deus, e essa é a sua feliz e gloriosa ocupação. Ainda assim, será ela negligenciada por nós, que esperamos ir para o Céu?

Se houver algum dos piedosos que negligencie esse dever, eu gostaria que ele considerasse quão discordante tal negligência é de sua profissão, seu estado e as misericórdias concedidas por Deus. Quantos motivos Deus lhe deu para cantar louvores a Ele! Você recebeu mais para incitá-lo a louvar a Deus do que todos os homens naturais do mundo. Você consegue se contentar em viver no mundo sem cantar louvores ao seu Pai celestial e seu glorioso Redentor?

Os pais devem cuidar para que seus filhos sejam instruídos a cantar, para que possam ser capazes de realizar essa parte da adoração divina. Devemos fazer isso porque desejamos que nossos filhos sejam educados para o Céu, pois todos nós queremos que nossos filhos vão para lá.

5. À guisa de *consolação* aos piedosos.

Pode ser um grande consolo você saber que viverá a sua eternidade com os santos do Céu, onde grande parte da ocupação deles é louvar a Deus. Os santos têm consciência do motivo que têm para louvar a Deus e, frequentemente, estão prontos para dizer que anseiam por louvá-lo mais e que nunca conseguem louvá-lo suficientemente. Ter toda a eternidade para louvá-lo pode ser um consolo para você. Eles desejam ardentemente louvar melhor a Deus. Por isso, pode ser o seu consolo que no Céu seu coração será ampliado, você será capacitado a louvá-lo de uma maneira imensamente mais perfeita e exaltada do que consegue fazer neste mundo. Você não será incomodado com um coração tão morto e entorpecido, com tanta frieza, tantos obstáculos e fardos decorrentes de corrupção e de uma mente terrena, com um coração errante e instável, com tantas trevas e tanta hipocrisia. Você fará parte da grande assembleia que louva a Deus com tanto fervor que sua voz é "como voz de muitas águas, como voz de grande trovão" (AP 14:2).

Você anseia por ver os outros louvando a Deus, todos louvando-o. Ali haverá um número suficiente para ajudá-lo e acompanhá-lo nos louvores, e aqueles que são capazes de fazê-lo dez mil vezes melhor do que os santos da Terra. Milhares e milhares de anjos e santos glorificados estarão ao seu redor, todos unidos a você no maior amor, todos dispostos a louvar a Deus, não só por si mesmos, mas por Sua misericórdia para com você.

SERMÃO DE DESPEDIDA[14]
Prefácio de Edwards

NÃO É IMPROVÁVEL QUE alguns dos leitores do sermão a seguir possam ficar curiosos quanto às circunstâncias da divergência entre mim e o povo de Northampton, que resultou na separação entre mim e eles, ocasionando a ministração deste *Sermão de Despedida*.

De maneira alguma há espaço aqui para um relato completo desse assunto. Contudo, parece ser adequado, e até necessário, corrigir aqui algumas deturpações grosseiras de tal divergência, que têm sido abundantes e (deve-se temer) inventadas laboriosa e diligentemente por alguns. Por exemplo, de que eu insisti em que as pessoas tivessem a certeza de que estavam em estado de salvação para eu as admitir na igreja; que eu exigia uma relação particular do método e da

---

[14] Edwards foi o pastor da Primeira Igreja de Northampton, Massachusetts, durante 23 anos, sucedendo seu avô. Neste sermão, um de seus raros sermões "pessoais", ele abre o coração para o rebanho que liderou por mais de 20 anos. "Ministrado no primeiro distrito de Northampton após o povo rejeitar publicamente o seu ministro e renunciar seu relacionamento com ele como pastor da igreja dali. Em 22 de junho de 1750, ocasionado pela diferença de opiniões quanto às qualificações exigidas de membros plenos da igreja." (*Memórias de Jonathan Edwards*, Vol. 1, p. ccxl)

ordem da experiência interior de uma pessoa, e do momento e da maneira de sua conversão, como teste de sua aptidão para a comunhão cristã; sim, que me pus a estabelecer uma igreja pura e a fazer uma distinção exata e certa entre santos e hipócritas, por um pretenso discernimento infalível do estado da alma dos homens; que, nessas coisas, eu me havia unido às pessoas turbulentas que recentemente apareceram na Nova Inglaterra, denominadas Separatistas[15], e que eu mesmo me tornei um grande separatista; que eu arroguei inteiramente a mim todo o poder de julgar as qualificações dos candidatos à comunhão e insisti em agir por minha exclusiva autoridade na admissão de membros na igreja etc.

Em oposição a tais acusações caluniosas, no momento só relatarei ao meu leitor algumas coisas que apresentei ao conselho que fez separação entre mim e o meu povo, para que tenha um relato justo e completo dos meus princípios, referentes ao caso da controvérsia.

Muito antes da sessão do conselho, meu povo havia enviado ao reverendo Sr. Clark, da aldeia de Salem, um pedido para que ele escrevesse opondo-se aos meus princípios. Isso me deu motivo para escrever ao Sr. Clark, para que ele pudesse ter informações verdadeiras acerca dos meus princípios. E, no momento da sessão do conselho, fiz, para informação de seus membros, uma declaração pública de meus princípios diante deles e da igreja, na capela, do mesmo conteúdo da minha carta ao Sr. Clark e com quase as mesmas palavras. Depois, enviei ao conselho, por escrito, um resumo dessa

---

[15] Puritanos que desejavam estabelecer uma igreja formalmente separada da Igreja Anglicana.

carta, contendo as informações que eu havia transmitido ao Sr. Clark, nas mesmas palavras de minha carta a ele, para que o conselho pudesse lê-la e considerá-la a seu bel-prazer, e ter um conhecimento mais certo e satisfatório de quais eram os meus princípios. O resumo que lhes enviei dizia o seguinte:

> Sei apenas de maneira geral que, no país, sou frequentemente exposto como tendo uma opinião nova e estranha acerca dos termos da comunhão cristã e como sendo favorável a apresentar um caminho peculiar próprio.
>
> É fato que eu não percebo diferir em coisa alguma do método do Dr. Watts, em seu livro intitulado *A fundação racional de uma igreja cristã e os termos da comunhão cristã* [tradução livre], o qual, diz ele, é o sentimento e prática comuns de todas as igrejas reformadas. Eu não havia visto esse livro do Dr. Watts quando publiquei o que escrevi acerca do assunto. Contudo, penso que minhas opiniões, da maneira como as expressei, são tão precisamente agradáveis ao que ele estabelece quanto se eu houvesse sido seu aluno. Também não vou além daquilo que o Dr. Doddridge demonstra claramente serem suas opiniões, em suas obras *Ascensão e avanço da religião*, *Sermões acerca da regeneração* e *Paráfrase e notas acerca do Novo Testamento* [traduções livres]. Entretanto, ao considerar as opiniões expressadas pelo senhor em suas cartas ao major Pomroy e ao Sr. Billing, consigo perceber que elas chegam exatamente à mesma posição que sustento.

O senhor supõe que os sacramentos não são ordenanças de conversão, e sim que, *como selos da aliança, eles pressupõem a conversão, especialmente no adulto, e que é a santidade visível, ou, em outras palavras, uma profissão confiável de fé e arrependimento, um consentimento solene à aliança do evangelho, unida a uma boa conversação e medida competente de conhecimento cristão, é o que dá um direito evangelical a todas as ordenanças sagradas. Porém, que é necessário aos que se chegam a essas ordenanças, e aos que professam consentimento à aliança do evangelho, que sejam sinceros em sua profissão* ou, pelo menos, pensem sê-lo.

A grande questão em que hesitei quanto ao método estabelecido de procedimentos dessa igreja, e que não mais me atrevo a discutir, é o seu assentimento público à forma de palavras ensaiadas nas ocasiões de admissão à comunhão, sem pretender que isso signifique algo como um consentimento sincero aos termos da aliança do evangelho, ou que signifique que qualquer fé ou arrependimento semelhantes pertençam à aliança da graça e se constituam nas grandes condições dessa aliança. Sendo que, ao mesmo tempo que as palavras são usadas, seu princípio conhecido e estabelecido — que eles abertamente professam e seguem, e sob o qual agem — é que os homens podem e devem usar tais palavras mesmo que não seja o que querem dizer, e sim algo de natureza muito inferior. Quanto a isso, penso que eles não têm qualquer noção determinada e distinta, porém é algo consistente com seu conhecimento de que não escolhem Deus como seu maior bem, mas amam ao mundo mais do que a Ele. Igualmente, penso que não se entregam totalmente a Deus, pelo contrário, o fazem com reservas. Em suma, sabendo que não concordam sinceramente com a aliança do evangelho e que, em vez disso, ainda vivem sob o poder reinante do amor ao mundo e da inimizade contra Deus e Cristo. Assim, as palavras de sua profissão pública, segundo o seu uso abertamente estabelecido, deixam de ter a natureza de qualquer profissão de fé e arrependimento evangélicos ou de qualquer cumprimento adequado da aliança, visto que é sua profissão que as palavras, da maneira como são usadas, não signifiquem tal coisa. No mínimo, as palavras usadas nessas circunstâncias não são uma profissão confiável dessas coisas.

Eu não consigo conceber a existência, em certo conjunto de palavras, de uma virtude que seja adequada para admitir pessoas aos sacramentos cristãos meramente por pronunciar esses sons, sem qualquer consideração de qualquer pretenso significado de tais sons. Nem consigo pensar que qualquer instituição de Cristo haja estabelecido tais termos de admissão à Sua Igreja.

Não cabe a mim e ao meu povo discutir quão particular ou extensa deve ser a profissão requerida. Eu não devo optar por ficar confinado a limites exatos quanto a esse assunto. Porém, em vez de contender, devo contentar-me com algumas palavras que expressem brevemente as virtudes cardeais ou atos implícitos em uma sincera conformidade à aliança, feita com entendimento (como deve transparecer na investigação do conhecimento doutrinário da pessoa), se houve uma conversa externa em conformidade com isso. Sim, eu devo pensar que tal pessoa, exercendo solenemente tal profissão, tinha o direito de ser reconhecida como objeto de caridade pública, embora ela mesma pudesse ter dúvidas de sua própria conversão, por não se lembrar de quando, não conhecer o método de sua conversão, encontrar muitos pecados remanescentes etc. E (se as suas próprias dúvidas não impediram sua ida à mesa do Senhor) devo pensar que o ministro ou a igreja não tinha o direito de barrar tal professante, embora ele devesse dizer que não se considerava convertido. Porque eu chamo isso de profissão de piedade, que é uma profissão das grandes coisas em que consiste a piedade, não uma profissão de sua própria opinião acerca do seu bom estado. *(Northampton, 7 de maio de 1750.)*

Ao ouvir que eu fizera alguns rascunhos da aliança, ou formas de uma profissão pública de religião que eu estava pronto para aceitar dos candidatos à comunhão da igreja, o conselho os solicitou a fim de se informar melhor. Consequentemente, enviei-lhes quatro rascunhos ou formulários distintos, que eu havia elaborado aproximadamente um ano antes, como o que eu estava pronto para aceitar (qualquer um deles) em vez de contender e romper com o meu povo.

As duas formas mais curtas são inseridas aqui para a satisfação do leitor.

Uma:

Espero encontrar verdadeiramente uma disposição para me entregar por inteiro a Deus, segundo o teor da aliança da graça selada em meu batismo, e andar nessa obediência a todos os mandamentos de Deus, requerida pelo pacto da graça, enquanto eu viver.

E a outra:

Espero encontrar verdadeiramente em meu coração uma disposição de andar em conformidade com todos os mandamentos de Deus, que exigem que eu me entregue totalmente a Ele e o sirva com meu corpo e meu espírito. Assim, prometo andar em obediência a todos os mandamentos de Deus, enquanto eu viver.

Eu estava pronto para aceitar esse tipo de profissão, em vez de contender e romper com o meu povo. Não, mas penso ser muito mais conveniente que, comumente, a profissão pública de religião feita pelos cristãos deva ser muito mais completa e mais específica. E, como sugeri em minha carta ao Sr. Clark, eu não deveria escolher estar amarrado a alguma forma de palavras, e sim ter liberdade para variar as expressões de uma profissão pública, para se adequar mais exatamente às opiniões e à experiência do professante, para que possa ser uma expressão mais justa e livre do que cada um encontra em seu coração.

Além disso, é preciso observar que sempre insisti em que cabia a mim, como pastor, a responsabilidade de, antes de uma profissão de fé ser aceita, ter plena liberdade para instruir o candidato no significado dos termos dela e na natureza das coisas propostas aos professados, indagá-lo quanto ao seu entendimento doutrinário dessas coisas, segundo o meu melhor critério e, conforme eu julgasse necessário, advertir a pessoa contra fazer tal profissão com precipitação ou principalmente para crédito de si mesmo, de sua família ou de qualquer ponto de vista secular, e colocá-lo em sério autoexame, esquadrinhar seu coração e orar a Deus para que o sonde e ilumine, para que não seja hipócrita e enganado na profissão que faz. Ao mesmo tempo, apontar-lhe-ia as muitas maneiras pelas quais os professantes estão sujeitos a ser enganados.

Nem penso ser inadequado um ministro, em tal caso, perguntar e saber do candidato o que consegue se lembrar da circunstância de sua experiência cristã, pois isso pode tender muito a ilustrar a sua profissão de fé e dar a um ministro uma grande vantagem para instruções adequadas, embora conhecimento e lembrança específicos do momento e método da primeira conversão a Deus não sejam considerados um teste da sinceridade de uma pessoa, nem insistido como necessário para ser recebido à plena caridade. Não que eu pense ser impróprio ou não proveitoso, em alguns casos especiais, uma declaração das circunstâncias específicas do primeiro despertar de uma pessoa e o modo de suas convicções, iluminações e consolações deva ser exibida publicamente diante de toda a congregação por ocasião de sua admissão à igreja, embora isso não seja exigido como necessário à admissão. Eu

Prefácio: Sermão de despedida

sempre me declarei contrário a insistir em uma relação de experiências neste sentido (a saber, uma relação do momento específico e das etapas da operação do Espírito na primeira conversão) como o termo de comunhão, ainda que uma relação das experiências seja entendida como uma declaração de experiência das grandes coisas efetuadas, nas quais consistem a verdadeira graça e as atitudes e os hábitos essenciais da santidade. Nesse sentido, penso que um relato das experiências de uma pessoa é necessário para sua admissão à plena comunhão na igreja. Porém, que em qualquer indagação feita e em qualquer prestação de contas, nem o ministro nem a igreja devem se colocar como examinadores do coração, mas devem aceitar a séria profissão solene, do professante bem instruído, de uma vida piedosa segundo sua melhor capacidade de determinar o que ele encontra em seu próprio coração.

Essas coisas podem servir, até certo ponto, para esclarecer os meus leitores que foram enganados, em suas apreensões quanto ao estado da controvérsia entre mim e o meu povo, pelas declarações falsas anteriormente mencionadas.

SERMÃO DE DESPEDIDA

*...como também já em parte nos compreendestes,
que somos a vossa glória, como igualmente
sois a nossa no Dia de Jesus, nosso Senhor.*

2 CORÍNTIOS 1:14

Assunto: Os ministros e as pessoas que estão sob os seus cuidados precisarão, obrigatoriamente, se encontrar perante o tribunal de Cristo no Dia do Julgamento.

Na parte anterior do capítulo, o apóstolo declara os grandes problemas encontrados por ele no decorrer de seu ministério. No texto e nos dois versículos anteriores, ele declara quais foram seus consolos e apoios sob os problemas que encontrou. Há quatro coisas específicas:

Primeiro, ele se aprovara segundo a sua própria consciência: "Porque a nossa glória é esta: o testemunho da nossa consciência, de que, com santidade e sinceridade de Deus, não com sabedoria humana, mas, na graça divina, temos vivido no mundo e mais especialmente para convosco" (2CO 1:12).

Segundo, ele menciona outra coisa como consolo: assim como se aprovara para a sua própria consciência, também o fizera para a consciência de seus ouvintes, os coríntios, a quem ele agora escrevia, e que eles deveriam aprová-lo no Dia do Julgamento.

Terceiro, a esperança que ele tinha de ver, na felicidade e glória deles, o fruto bendito de seus esforços e sofrimentos no ministério, naquele grande dia de prestação de contas.

Quarto, em seu ministério entre os coríntios, ele se aprovara perante o seu Juiz, que aprovaria e recompensaria sua fidelidade em tal ocasião.

Essas três últimas particularidades são expressas em nosso texto e no versículo anterior. De fato, todas as quatro estão implícitas no texto. Está implícito que os coríntios o reconheceram como seu pai espiritual, como alguém que havia sido fiel entre eles e como o meio da futura alegria e glória deles, no Dia do Julgamento. Está implícito que o apóstolo esperava ter, naquele tempo, um alegre encontro com eles diante do Juiz e, com alegria, ver a glória deles como fruto dos seus esforços, assim, eles seriam o seu regozijo. Está também implícito que ele esperava ser aprovado pelo grande Juiz quando ele e os coríntios se reunissem diante dele, que então Ele reconheceria a sua fidelidade e que ela tivesse sido o meio de sua glória. Dessa forma, ele, por assim dizer, os entregaria ao Juiz como sua coroa de alegria. Porém, o apóstolo não poderia esperar por isso se não tivesse em seu favor o testemunho da sua própria consciência. Por isso, as palavras sugerem, da maneira mais forte, que ele havia se aprovado diante da sua própria consciência.

Há uma coisa implícita em cada uma dessas particularidades e em todas as partes do texto. Farei disso o tema de minha presente preleção, a saber:

DOUTRINA

Os ministros e as pessoas que estão sob os seus cuidados precisarão, obrigatoriamente, se encontrar perante o tribunal de Cristo no Dia do Julgamento.

Os ministros e as pessoas que estiverem sob seus cuidados devem se separar neste mundo, por mais que tenham sido unidos. Se não tiverem sido separados antes, deverão ser separados pela morte, e podem ser separados enquanto estão vivos. Nós vivemos em um mundo de mudanças, onde nada é certo ou estável e, no qual, um pouco de tempo ou algumas revoluções do Sol trazem coisas estranhas, alterações surpreendentes em pessoas específicas, nas famílias, cidades e igrejas, países e nações. Frequentemente, aqueles que parecem mais unidos, pouco tempo depois, ficam extremamente desunidos e distanciados. Assim, ministro e congregação, entre os quais houve a maior consideração mútua e a mais estreita união, podem não apenas diferir em seus julgamentos e ser alienados na afeição, mas um poderá se separar do outro e todo o relacionamento entre eles, ser dissolvido. O ministro poderá ser transferido para um lugar distante, e eles poderão nunca mais ter a ver um com o outro neste mundo.

Porém, se é assim, há mais uma reunião que eles deverão ter: a do último grande dia de prestação contas.

Aqui, desejo mostrar: *Primeiro*, de que *maneira* os ministros e as pessoas que estiveram sob os seus cuidados se reunirão no Dia do Julgamento. *Segundo*, para quais *propósitos*. E em *terceiro*, por quais *razões* Deus ordenou que os ministros e seu povo se reúnam, então, de tal maneira e para tais propósitos.

1. Desejo mostrar, em alguns detalhes, de que maneira os ministros e as pessoas que estiveram sob os seus cuidados se reunirão no Dia do Julgamento.

a) *Eles não se reunirão em tal ocasião meramente como o mundo todo, então, deverá se reunir.* Quero observar uma diferença em duas coisas.

Primeiro, quanto a uma visão clara e real, e distinto conhecimento e percepção mútua. Embora o mundo inteiro esteja então presente, com todas as gerações de toda a humanidade reunidas em uma única vasta assembleia, com todos os de natureza angelical (tanto os anjos eleitos quanto os caídos), não precisamos supor que todos terão um conhecimento distinto e específico de cada indivíduo de toda a multidão reunida, a qual, sem dúvida, consistirá em muitos milhões de milhões. Embora seja provável que as capacidades dos homens sejam muito maiores do que em seu estado atual, ainda assim, não serão infinitas. Embora seu entendimento e compreensão estejam grandemente ampliados, os homens não serão deificados. Provavelmente, determinadas pessoas terão uma visão muito ampliada das diversas partes e membros daquela vasta assembleia e, assim, dos acontecimentos daquele grande dia. Contudo, será necessário que, naquele dia, segundo a natureza da finitude da mente, algumas pessoas e algumas coisas sejam mais percebidas por certas pessoas do que por outras. Isso (como bem podemos supor) dependendo de elas terem uma maior ligação com algumas do que com outras nos acontecimentos do dia. Haverá uma razão especial pela qual as que tiveram ligações especiais neste mundo, em seu estado de provação, e cujas ligações mútuas estarão lá para ser provadas e julgadas, devam ser especialmente colocadas diante umas das outras. Assim, podemos supor que governantes e súditos, juízes terrenos e aqueles que eles julgaram, vizinhos que tiveram controvérsias, negociações e disputas, chefes de família e seus filhos e servos, então se encontrarão e serão colocados juntos, segundo uma separação específica. E isso ocorrerá especialmente com os ministros e seu povo. Conforme o texto, é evidente que eles estarão frente a frente, se conhecerão nitidamente e perceberão especialmente um ao outro naquele momento.

Segundo, eles se encontrarão como estando especialmente relacionados um ao outro nos grandes acontecimentos daquele dia. Embora eles encontrem o mundo inteiro naquele momento, não terão qualquer preocupação imediata e específica com todos. Sim, a maior parte dos que então estarão reunidos será composta por quem não se relacionou em seu estado de provação e, assim, não terão ligações mútuas a serem julgadas. Porém, quanto aos ministros e às pessoas que estiveram sob os seus cuidados, eles serão os que tiveram muita ligação uns com os outros nas questões do maior momento. Portanto, especialmente eles precisarão se reunir e ser levados perante o Juiz como tendo especial ligação mútua no propósito e nos assuntos daquele grande dia de prestação de contas. Assim, seu encontro, quanto à maneira como ocorrerá, será diferente do encontro da humanidade em geral.

b) *O encontro deles no Dia do Julgamento será muito distinto dos seus encontros neste mundo.* Ministros e seu povo se encontram frequentemente neste mundo enquanto seu relacionamento permanece. Eles costumam se reunir semanalmente, e em outros momentos, para a adoração pública a Deus, a ministração de ordenanças e os serviços solenes da casa de Deus. Além desses encontros, eles têm também ocasiões para se reunir a fim de determinar e administrar seus assuntos eclesiásticos, para o exercício da disciplina da igreja, e para resolver e ajustar as coisas referentes à pureza e boa ordem das administrações públicas. Porém, a sua reunião no Dia do Julgamento será extremamente diferente, em modo e circunstâncias, de qualquer reunião e entrevista que eles tiveram um com o outro no estado atual. Desejo observar como, em alguns detalhes.

Primeiro: agora eles se reúnem em um estado mutável preparatório. Depois, porém, em um estado imutável. Agora, os *pecadores* da congregação se reúnem com seu ministro em um estado no qual são capazes de uma transformação salvadora, capazes de serem transformados do poder de Satanás para Deus — por meio da bênção de Deus sobre as ministrações e esforços de seu pastor — e de serem tirados de um estado de culpa, condenação e ira a um estado de paz e favor com Deus, para o gozo dos privilégios de Seus filhos e um direito à sua herança eterna. E os *santos* agora encontram seu ministro com grandes resquícios de corrupção, e às vezes sob grandes dificuldades e aflições espirituais. Não obstante, são os destinatários adequados dos meios para uma alteração feliz de seu estado, a qual eles têm motivos para esperar no cumprimento das ordenanças, e da qual Deus costuma se agradar para fazer de Seus ministros os instrumentos. Agora, os ministros e seu povo se reúnem para levar a efeito tais transformações felizes; elas são os grandes benefícios buscados em suas reuniões solenes.

Porém, quando eles se reunirem no Dia do Julgamento, será muito diferente. Todos eles se encontrarão em um estado imutável. Os *pecadores* estarão em um estado imutável. Os que, então, estarão sob a culpa e o poder do pecado e terão a ira de Deus permanecendo sobre eles não terão recurso ou possibilidade de transformação e se encontrarão com seus ministros sem qualquer esperança de alívio ou remédio, ou de obter qualquer bem por seus meios.

Enquanto isso, os *santos* já estarão perfeitamente libertos de toda a sua corrupção, tentação e todo tipo de calamidades e postos para sempre fora de seu alcance. E nenhuma libertação, nenhuma feliz alteração permanecerá para ser realizada no uso dos meios da graça, sob as ministrações dos ministros. Em seguida, será pronunciado:

Continue o injusto fazendo injustiça, continue o imundo ainda sendo imundo; o justo continue na

prática da justiça, e o santo continue a santificar-se.
(APOCALIPSE 22:11)

Segundo: então, eles se reunirão em um estado de luz clara, certa e infalível. Os ministros são estabelecidos como guias e mestres, representados nas Escrituras como luzes colocadas nas igrejas e, no estado atual, encontram seu povo, de tempos em tempos, para instruí-los e iluminá-los, para corrigir seus erros e ser uma voz atrás deles quando se desviarem para a direita ou para a esquerda, dizendo: "Este é o caminho, andai por ele" (IS 30:21), a fim de evidenciar e confirmar a verdade exibindo suas evidências adequadas. Eles devem refutar erros e opiniões corrompidas, convencer os errôneos e firmar os que duvidam. Porém, quando Cristo vier para julgar, todo erro e toda opinião falsa serão detectados. Todo engano e ilusão desaparecerão diante da luz daquele dia, assim como a escuridão da noite desaparece com o levantar do Sol nascente. Toda doutrina da Palavra de Deus aparecerá, então, em plena evidência e ninguém permanecerá não convencido. Todos conhecerão a verdade com a maior certeza e não haverá erros a retificar.

Bem, os ministros e seu povo podem discordar em seus julgamentos acerca de alguns assuntos da religião, e às vezes podem reunir-se para arrazoar acerca das coisas em que diferem e para ouvir as razões que podem ser apresentadas por um lado e pelo outro, e todos podem ser ineficazes quanto a qualquer convicção da verdade. Eles podem se reunir e, depois, ir embora sem mais acordo do que antes, e o lado que estava errado pode ainda permanecer errado. Às vezes, em caso de opiniões divergentes, nas reuniões de ministros com seu povo, ocorrem infelizes debate e controvérsia, tratados com muito preconceito e falta de franqueza, não tendendo à luz e convicção, mas a confirmar e aumentar as trevas e estabelecer oposição à verdade e uma mútua divisão de opinião. Porém, quando eles se reunirem no Dia do Julgamento, perante o tribunal do grande Juiz, a mente e a vontade de Cristo serão conhecidas e não haverá mais qualquer debate ou divergência de opiniões. A evidência da verdade aparecerá indiscutivelmente, e todas as controvérsias serão final e eternamente decididas.

Agora, os ministros se reúnem com seu povo para esclarecer e despertar a consciência dos pecadores apresentando-lhes o grande mal e perigo do pecado, o rigor da lei de Deus, sua própria maldade de coração e seus hábitos, a grande culpa sob a qual estão, a ira que permanece sobre eles, bem como sua impotência, cegueira, pobreza e seu estado desamparado e arruinado. Geralmente, no entanto, é tudo em vão. Eles permanecem imóveis, a despeito de tudo que seus ministros possam dizer, tolos e adormecidos, com a consciência não convencida. Porém, não será assim em sua última reunião no Dia do Julgamento. Quando encontrarem seu ministro perante seu grande Juiz, os pecadores não o encontrarão com uma consciência estúpida. Naquele momento, eles estarão totalmente convencidos da verdade das coisas que antes ouviram dele acerca da grandeza e terrível majestade de Deus, Sua santidade e ódio ao pecado, Sua terrível justiça em puni-lo, do rigor de Sua lei e do horror e da verdade de Suas ameaças, e de sua própria indizível culpa e miséria. Eles nunca mais serão insensíveis a essas coisas. Então, os olhos da consciência estarão totalmente iluminados e nunca mais serão cegados.

Então, a boca da consciência estará aberta e nunca mais será fechada.

Agora, os ministros se reúnem com as pessoas do seu povo, em público e reservadamente, para esclarecê-las sobre o estado de sua alma, para abrir e aplicar-lhes as regras da Palavra de Deus, para que examinem seu próprio coração e discirnam sua condição. Porém, agora os ministros não têm um discernimento infalível da condição de seu povo. Os mais habilidosos deles são sujeitos a erros e, frequentemente, enganam-se em coisas dessa natureza. As pessoas também não são capazes de saber a condição de seu ministro ou uns dos outros. Muitas vezes, há aqueles que se passam por santos entre eles, e até santos eminentes, mas são grandes hipócritas. Por outro lado, existem aqueles que às vezes são censurados ou dificilmente recebidos em seu amor, os quais são, de fato, algumas das joias de Deus. E nada é mais comum do que os homens se enganarem acerca de sua *própria* condição. Muitos que são abomináveis para Deus e filhos de Sua ira se imaginam elevadamente como Seus preciosos santos e queridos filhos. De fato, há motivo para pensar que, frequentemente, alguns que são mais ousados em sua confiança de sua condição segura e feliz (pensando ser não apenas verdadeiros santos, mas os mais eminentes santos da congregação) são mais propriamente uma fumaça nas narinas de Deus. E assim ocorre frequentemente, sem dúvida, nas congregações onde a Palavra de Deus é mais fielmente dispensada, a despeito de tudo que os ministros possam dizer em suas explicações mais claras e nas aplicações mais investigativas das doutrinas e regras da Palavra de Deus para a alma de seus ouvintes.

Porém, no Dia do Julgamento, eles terão outro tipo de reunião. Então, os segredos de todo coração serão manifestados e a condição de todo homem será perfeitamente conhecida.

Portanto, nada julgueis antes do tempo, até que venha o Senhor, o qual não somente trará à plena luz as coisas ocultas das trevas, mas também manifestará os desígnios dos corações; e, então, cada um receberá o seu louvor da parte de Deus.
(1 CORÍNTIOS 4:5)

Então, ninguém será enganado no tocante à sua própria condição, nem terá mais dúvidas quanto a ela. Haverá um fim eterno para toda a presunção e as vãs esperanças dos hipócritas iludidos, e para todas as dúvidas e os medos dos cristãos sinceros. Então, todos conhecerão a condição da alma dos outros. O povo saberá se seu ministro foi sincero e fiel, e o ministro saberá a situação de cada pessoa do seu povo e para quem a Palavra e as ordenanças de Deus foram um aroma de vida para a vida, e para quem um aroma de morte para a morte (VEJA 2 CORÍNTIOS 2:16).

Agora, neste estado presente, frequentemente acontece que, quando ministros e povo se reúnem para debater e administrar seus assuntos eclesiásticos, especialmente em uma condição de controvérsia, eles estão prontos para julgar e censurar os pontos de vista e desígnios dos outros, e os princípios e fins pelos quais cada um é influenciado. Eles estão muito enganados em seus julgamentos e enganam uns aos outros em suas censuras. Porém, naquela reunião futura, as coisas serão estabelecidas sob uma luz verdadeira e perfeita, e os princípios e objetivos a partir dos quais todos agiram serão certamente conhecidos. Haverá um fim para todos os erros desse tipo e para todas as censuras injustas.

Terceiro: neste mundo, frequentemente os ministros e seu povo se reúnem para ouvir e esperar em um Senhor invisível. No Julgamento, porém, eles se encontrarão em Sua mais direta e visível presença.

Os ministros — que, agora, frequentemente encontram seu povo para pregar-lhe o Rei eterno, imortal e invisível; para convencê-lo de que existe um Deus e declarar-lhe que tipo de ser Ele é; para convencê-lo de que Ele governa e julgará o mundo; que há um estado futuro de recompensas e punições; e para pregar-lhe um Cristo que está no Céu à destra de Deus em um mundo invisível — então encontrarão seu povo na mais sensível presença direta desse grande Deus, Salvador e Juiz, que aparecerá da maneira mais clara, visível e aberta, com grande glória, com todos os Seus santos anjos, diante deles e do mundo todo. Eles não os encontrarão para ouvir falar de um Cristo ausente, um Senhor invisível e um futuro Juiz, mas para comparecer perante aquele Juiz — estar reunidos na presença daquele Senhor supremo — em Sua imensa glória e terrível majestade, do qual ouviram falar tão constantemente em suas reuniões na Terra.

Quarto: no último dia, quem tiver um coração descuidado e desatento não estará na reunião dos ministros e do povo que estivera sob seus cuidados. Não raro, neste mundo, muitas pessoas comparecem às suas reuniões com esse coração, com pouca consideração por quem elas fingem adorar em união nos deveres solenes de seu culto público, prestando pouca atenção a seus próprios pensamentos ou sua mentalidade, não cuidando dos assuntos em que estão envolvidas ou considerando o fim para o qual estão reunidas. Entretanto, naquele grande dia, não haverá um único coração descuidado; nada de dormir, nem a mente se desviar do grande interesse da reunião, nem desatenção para os assuntos do dia, nem indiferença quanto à presença em que estão ou em relação as grandes coisas que ouvirão de Cristo, ou que anteriormente ouviram dele e acerca dele, por seus ministros em sua condição de julgamento, ou que agora ouvirão seus ministros declarar a respeito delas perante seu Juiz.

Havendo observado essas coisas, referentes ao modo e às circunstâncias dessa futura reunião perante o tribunal de Cristo no Dia do Julgamento, passo a

2. Observar para quais *propósitos* eles se reunirão.

a) *Para prestar contas, perante o grande Juiz, do comportamento mútuo deles no relacionamento que tiveram neste mundo.* Os ministros são enviados por Cristo ao seu povo para cuidar dos Seus interesses. Eles são Seus servos e mensageiros, e, quando terminarem seu serviço, deverão retornar ao seu Senhor para lhe relatar o que fizeram e a receptividade ao desempenho de seu ministério. Assim, encontramos em Lucas 14:16-21 que, quando o servo que foi enviado para chamar os convidados para o grande banquete terminou seu serviço designado, voltou ao seu senhor e lhe relatou o que havia feito e a receptividade que recebera. Quando, irado, o senhor enviou o servo a outros, este voltou e relatou ao seu senhor sua conduta e seu sucesso. Assim lemos em Hebreus 13:17 acerca dos ministros ou governantes na casa de Deus: "[eles] velam por vossa alma, como quem deve prestar contas". E, pelo mencionado em Lucas 14, vemos que os ministros são obrigados a prestar contas ao seu Senhor, não apenas de seu próprio comportamento no desempenho de sua função, mas também da receptividade de seu povo e do tratamento que receberam no meio deles.

Então, os fiéis ministros prestarão contas, com alegria, dos que os receberam bem e fizeram bom proveito de seu ministério, e eles os receberão, naquele dia, como sua coroa de alegria. Ao mesmo tempo, prestarão contas do mau tratamento dos que não receberam bem a eles e às suas mensagens vindas de Cristo. Esses ministros se reunirão com eles, não como costumavam fazer neste mundo, para aconselhá-los e adverti-los, e sim para testemunhar contra eles, como seus juízes e assessores de Cristo, para condená-los. E, por outro lado, naquele Dia, o povo se levantará em julgamento contra os ministros iníquos e infiéis, que buscaram seus próprios interesses temporais mais do que o bem das almas de seu rebanho.

b) *Naquele tempo, os ministros e o povo que esteve sob os seus cuidados se reunirão diante de Cristo, para que Ele possa julgar entre eles quanto a qualquer controvérsia que subsistiram entre eles neste mundo.* É recorrente, neste mundo mau, surgirem grandes diferenças e controvérsias entre ministros e as pessoas sob os seus cuidados pastorais. Embora tenham a maior obrigação de viver em paz, mais do que as pessoas em quase qualquer tipo de relacionamento, e embora contendas e dissensões entre pessoas que se relacionam tenham as consequências mais infelizes e terríveis em muitos relatos de qualquer tipo de porfia, quão frequentes tais contendas têm sido! Às vezes, um povo contende com seus ministros acerca de sua doutrina; às vezes, acerca de suas ministrações e conduta; e, às vezes, acerca de sua manutenção. Acontece de tais litígios continuarem durante muito tempo e, às vezes, são solucionados neste mundo, segundo o interesse prevalente de uma parte ou da outra, em vez de pela Palavra de Deus e a razão das coisas. Às vezes, tais controvérsias nunca têm qualquer determinação apropriada neste mundo.

Porém, no Dia do Julgamento, haverá uma decisão completa, perfeita e eterna acerca deles. O Juiz infalível, a fonte infinita de luz, verdade e justiça, julgará entre as partes em conflito e declarará qual é a verdade, quem está certo e o que é agradável à Sua mente e vontade. E, para isso, as partes precisam estar juntas diante dele no último dia, que será o grande dia para terminar e decidir todas as controvérsias, retificar todos os erros e abolir todos os julgamentos injustos, erros e confusões, que antes subsistiram no mundo da humanidade.

c) *Os ministros e o povo que esteve sob os seus cuidados precisam reunir-se naquele momento para receber uma sentença eterna e retribuição do Juiz, na presença uns dos outros, segundo seu comportamento no mútuo relacionamento que mantiveram no estado atual.* O Juiz não apenas declarará justiça, mas também fará justiça entre os ministros e seu povo. Ele declarará o que é certo entre eles, aprovando quem foi justo e fiel e condenando os injustos. Verdade e equidade perfeitas estarão presentes na sentença que Ele proferir, nas recompensas que Ele conceder e nas punições que Ele infligir. Haverá uma recompensa gloriosa para os ministros fiéis, para os que foram bem-sucedidos: "Os que forem sábios, pois, resplandecerão como o fulgor do firmamento; e os que a muitos conduzirem à justiça, como as estrelas, sempre e eternamente" (DN 12:3); e também para os que foram fiéis, mas não tiveram sucesso: "Eu mesmo disse: debalde tenho trabalhado, inútil e vãmente gastei as minhas forças; todavia, o meu direito está perante o Senhor, a minha recompensa, perante o meu Deus" (IS 49:4). E quem bem os recebeu e considerou será gloriosamente recompensado:

Quem vos recebe a mim me recebe; e quem me recebe recebe aquele que me enviou. Quem recebe um profeta, no caráter de profeta, receberá o galardão de profeta; quem recebe um justo, no caráter de justo, receberá o galardão de justo. (MATEUS 10:40-41)

Essas pessoas e seus ministros fiéis serão a coroa de alegria uns dos outros:

Pois quem é a nossa esperança, ou alegria, ou coroa em que exultamos, na presença de nosso Senhor Jesus em sua vinda? Não sois vós? Sim, vós sois realmente a nossa glória e a nossa alegria! (1 TESSALONICENSES 2:19-20)

E, no nosso texto-base, "...somos a vossa glória, como igualmente sois a nossa no Dia de Jesus, nosso Senhor" (1CO 1:14). Porém, aqueles que tratam mal os fiéis ministros de Cristo, especialmente naquilo em que são fiéis, serão severamente punidos:

Se alguém não vos receber, nem ouvir as vossas palavras, ao sairdes daquela casa ou daquela cidade, sacudi o pó dos vossos pés. Em verdade vos digo que menos rigor haverá para Sodoma e Gomorra, no Dia do Juízo, do que para aquela cidade. (MATEUS 10:14-15)

De Levi disse: Dá, ó Deus, o teu Tumim e o teu Urim para o homem, teu fidedigno [...] Ensinou os teus juízos a Jacó e a tua lei, a Israel [...]. Abençoa o seu poder, ó SENHOR, e aceita a obra das suas mãos, fere os lombos dos que se levantam contra ele e o aborrecem, para que nunca mais se levantem. (DEUTERONÔMIO 33:8-11)

Por outro lado, os ministros que forem achados infiéis sofrerão uma punição muito terrível (VEJA EZEQUIEL 33:6; MATEUS 23:1-33.)

Assim, a justiça será ministrada no Grande Dia aos ministros e ao seu povo. E, para esse fim, eles se reunirão, para que não apenas recebam justiça para si mesmos, mas também vejam a justiça ser exercida à outra parte, porque a finalidade de tal ocasião é revelar ou declarar o justo julgamento de Deus (VEJA ROMANOS 2:5). Justiça será feita aos ministros, e eles verão justiça ser feita ao seu povo. E o próprio povo receberá justiça de seu Juiz e verá justiça ser feita ao seu ministro. Assim, tudo será eternamente ajustado e estabelecido entre eles, sendo cada um sentenciado e recompensado segundo as suas obras, quer recebendo e usando uma coroa de alegria e glória eternas, quer sofrendo vergonha e dor eternas.

3. **Passo agora para a próxima coisa proposta, a saber, apresentar algumas *razões* pelas quais podemos supor que Deus ordenou que os ministros e as pessoas que estiveram sob os seus cuidados se reúnam no Dia do Julgamento, de tal maneira e para tais propósitos.**
Desejo observar agora duas coisas.

a) *Os interesses mútuos dos ministros e de seu povo são da maior importância*. As Escrituras declaram que Deus levará toda obra a julgamento, com tudo que está encoberto, quer seja boa ou má. É adequado que todos os interesses e todo o comportamento da humanidade, tanto públicos quanto privados, sejam finalmente levados ao tribunal de Deus e finalmente determinados por um Juiz infalível. Porém, é especialmente necessário que seja assim no tocante a assuntos de grande importância.

Bem, os interesses mútuos de um ministro cristão e sua igreja e congregação são da maior importância; em muitos aspectos, de muito maior importância do que as preocupações temporais dos maiores monarcas terrenos e seus reinos ou impérios. Tem grande consequência o modo como os ministros desempenham sua função e se conduzem em relação ao seu povo na obra do ministério e em assuntos pertinentes a ela. É também uma questão de grande importância a maneira como um povo recebe e considera um fiel ministro de Cristo, e como se beneficiam de seu ministério. Essas coisas se relacionam de maneira mais imediata e direta com o grande e último fim para o qual o homem foi criado e o eterno bem-estar da humanidade do que com qualquer dos interesses temporais dos homens, sejam eles privados ou públicos. Portanto, é especialmente adequado que esses assuntos sejam levados a julgamento, determinados e resolvidos abertamente com verdade e retidão, e que, para esse fim, os ministros e seu povo devam se reunir perante o onisciente e infalível Juiz.

b) *Os interesses mútuos dos ministros e de seu povo têm uma relação especial com as principais coisas referentes ao Dia do Julgamento.* Eles têm uma relação especial com aquela grande e divina Pessoa que, então, aparecerá como Juiz. Os ministros são Seus mensageiros, enviados por Ele e, em seu ofício e ministrações entre seu povo, representam a Sua pessoa, ficam em Seu lugar, como enviados para declarar o Seu pensamento, fazer a Sua obra e falar e agir em Seu nome. Portanto, é especialmente adequado eles retornarem a Ele para prestar contas de seu trabalho e seu sucesso. O rei é juiz de todos os seus súditos. Todos devem prestar contas a ele. Porém, é mais especialmente necessário que os ministros do rei, especialmente encarregados da administração de seu reino e enviados para alguma negociação especial, retornem a ele para prestar contas de si mesmos e do cumprimento de sua responsabilidade e da receptividade que encontraram.

Os ministros não são apenas mensageiros da pessoa que no último dia aparecerá como Juiz. A missão a que são enviados e os assuntos que lhes foram confiados como Seus ministros se referem mais diretamente à Sua honra e aos interesses do Seu reino. A obra a que eles são enviados é promover os desígnios de Sua administração e governo. Portanto, seu trato com seu povo tem uma relação próxima com o Dia do Julgamento, visto que o grande propósito daquele dia é resolver e estabelecer totalmente os assuntos do reino de Deus, ajustar tudo que se refere a ele, para que tudo que é oposto aos interesses do Seu reino possa ser removido, e tudo que contribui para a sua plenitude e glória possa ser aperfeiçoado e confirmado, para que esse grande Rei receba Sua devida honra e glória.

Novamente, os interesses mútuos dos ministros e de seu povo têm uma relação direta com os interesses do Dia do Juízo, uma vez que a tarefa dos ministros em relação ao seu povo é promover a salvação eterna da alma dos homens e seu escape da condenação eterna. O Dia do Julgamento é o dia designado para esse fim, a saber: decidir e estabelecer abertamente o estado eterno dos homens, fixar alguns em um estado de salvação eterna e levar sua salvação à máxima consumação, e fixar outros em um estado de eterna perdição e do mais perfeito sofrimento. Os interesses mútuos de ministros e de seu povo têm a mais direta relação com o Dia do Julgamento, dado que o exato propósito da obra do ministério é a preparação das pessoas para tal ocasião. Os ministros são enviados para avisá-las da aproximação daquele dia, avisá-las da terrível sentença que será pronunciada sobre os ímpios, declarar-lhes a bendita sentença que será pronunciada sobre os justos e usar com elas meios para que elas possam escapar da ira que virá sobre os ímpios e obter a recompensa que será concedida aos santos.

E, como os interesses mútuos dos ministros e de seu povo têm uma relação tão próxima e direta com o Dia de Jesus, é especialmente adequado que esses interesses sejam estabelecidos e publicados. Para isso, os ministros e seu povo devem se reunir e comparecer juntos diante do grande Juiz naquele dia.

APLICAÇÃO

O proveito que desejo obter do tema é levar as pessoas aqui presentes, que estiveram sob o meu cuidado pastoral, a algumas reflexões e lhes dar alguns conselhos adequados às nossas circunstâncias atuais, referentes ao que foi feito recentemente para nos separar, mas esperando que nos encontremos perante o grande tribunal no Dia do Julgamento.

Com certeza, a consideração profunda e séria do nosso mais solene encontro futuro é extremamente propícia em um momento como este. Tão logo isto tenha sido realizado, com toda probabilidade, será (quanto ao relacionamento que tivemos até agora) seguido por uma separação eterna.

Com que frequência nos reunimos na casa de Deus nesse relacionamento! Com que frequência falei a vocês, instruí, aconselhei, adverti, orientei e alimentei, bem como ministrei ordenanças entre vocês, como o povo que foi confiado aos meus cuidados e de cuja preciosa alma eu estava encarregado! Todavia, com toda a probabilidade, isso nunca mais acontecerá.

O profeta Jeremias lembra as pessoas de quanto tempo ele se esforçou entre elas na obra do ministério:

*Durante vinte e três anos, desde o décimo terceiro de Josias, filho de Amom, rei de Judá, até hoje, tem vindo a mim a palavra do S*ENHOR*, e, começando de madrugada, eu vo-la tenho anunciado...* (JEREMIAS 25:3)

Não estou prestes a me comparar ao profeta Jeremias, mas no tocante a isso posso dizer, como ele, que "tenho falado a Palavra de Deus a vocês durante 23 anos, levantando-me cedo e falando". No dia 15 de fevereiro passado, completaram-se 23 anos que tenho me esforçado na obra do ministério, no relacionamento de pastor desta igreja e congregação. Embora minha força tenha sido fraqueza, havendo sempre me esforçado sob grande enfermidade física, além de minha insuficiência para uma incumbência tão grande em outros aspectos, não poupei minha débil força, senão a exerci para o bem da alma de vocês. Posso dirigir-me a vocês como o apóstolo se dirigiu aos seus ouvintes na Galácia: "...vós sabeis que vos preguei o evangelho a primeira vez por causa de uma enfermidade física" (GL 4:13). Eu passei o melhor da minha vida e das minhas forças trabalhando pelo eterno bem-estar de vocês. Vocês são minhas testemunhas de que não negligenciei em ociosidade todas as forças que tive, nem me empenhei em perseguir esquemas mundanos e administrar assuntos temporais para aumentar minhas posses e enriquecer a mim e à minha família. Em vez disso, dediquei-me à obra do ministério, esforçando-me nela noite e dia, levantando-me cedo e aplicando-me a essa grande ocupação para a qual Cristo me designou. Descobri que a obra do ministério entre vocês é uma obra realmente grandiosa, uma obra de extremo cuidado, esforço e dificuldade. Muitos foram os pesados fardos que carreguei nela, diante dos quais minha força foi muito desigual. Deus me chamou para carregar esses fardos, e eu bendigo o Seu nome por Ele me haver sustentado para impedir que eu afundasse sob eles e por Seu poder se haver manifestado na minha fraqueza. Desse modo, embora frequentemente eu tenha sido em tudo atribulado, permaneci não angustiado;

perplexo, porém não desanimado; abatido, porém não destruído (VEJA 2 CORÍNTIOS 4:8-9).

Agora, porém, tenho motivo para pensar que a obra que eu tinha a fazer como seu ministro está concluída. Vocês me rejeitaram publicamente e minhas oportunidades cessam.

Quão grandemente, portanto, convém-nos agora considerar aquele momento em que deveremos nos reunir diante do supremo Pastor! Quando eu tiver de prestar contas da minha mordomia, do serviço que prestei e da receptividade e do tratamento que recebi entre as pessoas a quem Ele me enviou. E vocês terão de prestar contas da sua própria conduta para comigo e do crescimento que vocês tiveram nesses 23 anos do meu ministério. Porque, no Dia de Jesus, vocês e eu teremos de comparecer juntos e prestar contas, para que uma sentença infalível, justa e eterna seja proferida sobre nós por Aquele que nos julgará no tocante a tudo que dissemos ou fizemos em nosso encontro aqui, e em toda a nossa conduta uns para com os outros na casa de Deus e em outros lugares. Ele testará o nosso coração e manifestará os nossos pensamentos, bem como os princípios e as disposições da nossa mente. Ele nos julgará no tocante a todas as controvérsias que existiram entre nós, com a mais estrita imparcialidade, e examinará o nosso tratamento mútuo nessas controvérsias.

"Nada há encoberto que não venha a ser revelado; e oculto que não venha a ser conhecido" (LC 12:2). Todos serão examinados sob a perscrutadora e penetrante luz da onisciência e glória de Deus e por Aquele cujos olhos são como uma chama de fogo. A verdade e o direito devem aparecer claramente, despojados de todo véu. E todo erro, falsidade, injustiça e injúria serão expostos, despojados de todo disfarce. Toda pretensão ilusória, todo sofisma e todo raciocínio falso desaparecerão em um instante, por não serem capazes de suportar a luz do Dia do Juízo. Então, nosso coração será virado pelo avesso e os segredos dele serão revelados mais claramente do que as nossas manifestações exteriores são agora. Então, aparecerão os fins que almejamos, quais foram os princípios governantes a partir dos quais atuamos e quais foram as inclinações que exercemos em nossas disputas e contendas eclesiásticas. Então, aparecerá se eu atuei com retidão e por uma consideração verdadeiramente conscienciosa e cuidadosa do meu dever para com o meu grande Senhor e Mestre em algumas controvérsias eclesiásticas anteriores, que foram acompanhadas por circunstâncias e consequências extremamente infelizes. Aparecerá se houve causa justa para o ressentimento que se manifestou em tais ocasiões. Então, a nossa última grande controvérsia, acerca das qualificações necessárias para total admissão aos privilégios de membros da Igreja visível de Cristo, será examinada e julgada em todas as suas partes e circunstâncias, e tudo será mostrado sob uma luz clara, certa e perfeita.

Então, ficará às claras se a doutrina que eu preguei e publiquei acerca desse assunto é a própria doutrina de Cristo, se Ele não a reconhecerá como uma das preciosas verdades que procederam de Sua própria boca e a sustentará e honrará como tal perante todo o Universo. Então, aparecerá o que se entende por "um homem que não trazia veste nupcial" (MT 22:11), pois essa é a ocasião mencionada em Mateus 22:13, quando tal pessoa terá suas mãos e seus pés amarrados e será lançada para fora, nas trevas, onde "haverá choro e ranger de dentes". Então, será manifesto se, ao declarar esta doutrina e agir em conformidade com ela, e em minha conduta geral no assunto, fui influenciado por qualquer consideração a meu próprio interesse temporal, honra ou desejo de parecer mais sábio do que outros, ou se agi a partir de qualquer visão sinistra e secular, e se o que fiz não foi fruto de uma cuidadosa, estrita e terna consideração pela vontade do meu Senhor e Mestre e por não ousar ofendê-lo, satisfazendo-me com a Sua vontade após uma longa, diligente, imparcial e devota investigação. Então, será visto se eu tive constantemente em vista e perspectiva engajar-me com grande solicitude, não precipitadamente, a determinar a questão, para que tal determinação não fosse para meu interesse temporal, e sim totalmente contrária a ele, trazendo uma longa série de dificuldades extremas e me lançando em um abismo de aflição e tristeza. Então, aparecerá se o meu povo cumpriu o seu dever para com o seu pastor no tocante a esse assunto; se as pessoas demonstraram uma índole e mentalidade correta nessa ocasião; se elas me fizeram justiça em ouvir, atentar e considerar o que eu tinha a dizer como evidência do que eu cria e ensinava como parte do conselho de Deus; se fui tratado com a imparcialidade, franqueza e consideração que o justo Juiz considerava devida; e se, nos muitos passos que foram dados e nas muitas coisas que foram ditas e feitas no decorrer dessa controvérsia, a retidão, a caridade e o decoro cristãos foram mantidos (ou, caso contrário, até que ponto essas coisas foram violadas). Então, todos os passos da conduta de cada um de nós nesse assunto, do primeiro ao último, e a mentalidade com que os demos, serão examinados e manifestados, nossa própria consciência falará com voz clara e alta, cada um de nós será convencido e o mundo saberá, e nunca mais haverá qualquer engano, deturpação ou má compreensão do assunto por toda a eternidade.

Provavelmente, agora essa controvérsia se transforma em um problema entre vocês e eu quanto a este mundo. Ela resultou no evento da semana retrasada, mas haverá necessariamente outra decisão naquele Grande Dia que certamente virá, quando vocês e eu nos encontraremos perante o grande tribunal. Portanto, deixo-a para aquele momento e nada mais direi sobre ela no momento.

Porém, quero agora dirigir-me particularmente a vários tipos de pessoas.

1. Aos que *professam* a piedade entre nós.

Quero agora chamá-los a uma séria consideração daquele Grande Dia em que vocês deverão encontrar aquele que até agora foi o seu pastor, diante do Juiz cujos olhos são como uma labareda de fogo.

Esforcei-me, com a minha maior capacidade, para pesquisar a Palavra de Deus no tocante às notas distintivas da verdadeira piedade, pelas quais as pessoas podem descobrir melhor a sua situação e, mais segura e claramente, julgar a si mesmas. De tempos em tempos, apliquei a vocês essas regras e metas, na pregação da Palavra com o máximo de minha habilidade, e da maneira mais clara e perscrutadora que pude, com o intuito de detectar o hipócrita enganado e estabelecer as esperanças e consolações dos sinceros. Contudo, é de se temer que, após tudo que fiz, eu agora deixe alguns de vocês em um estado de ilusão e engano, pois não se deve supor que, entre várias centenas dos que professam, nenhum esteja enganado.

Doravante, provavelmente não terei mais oportunidade de cuidar de sua alma e de examiná-la. Ainda assim, imploro a vocês que se lembrem e considerem as regras que, frequentemente, estabeleci a vocês durante o meu ministério, com uma solene consideração quanto ao Dia de Jesus, quando vocês e eu teremos de nos encontrar perante o nosso Juiz, quando os objetivos do exame que vocês ouviram de mim terão de ser ensaiados novamente diante de vocês e as regras de julgamento terão de ser experimentadas, e aparecerá se elas foram boas ou não. Também aparecerá se vocês as ouviram com imparcialidade e se vocês se julgaram segundo elas. O próprio Juiz, que é infalível, julgará a vocês e a mim. Depois disso, ninguém estará enganado quanto ao estado de sua alma.

Frequentemente, coloquei em sua mente que, quaisquer que tenham sido as suas pretensões de experiências, descobertas, confortos e alegrias, naquele dia todos serão julgados segundo as suas obras e então vocês descobrirão isso. Que vocês tenham um ministro de maior conhecimento da Palavra de Deus e mais bem familiarizado com casos da alma, com maior habilidade em aplicar-se às almas, cujas preleções possam ser mais perscrutadoras e convincentes, a fim de que aqueles de vocês que se consideram enganados sob a minha pregação possam, antes daquele Grande Dia, ter seus olhos abertos para o fato de que podem estar enganados.

Os meios e auxílios à instrução e ao autoexame que vocês poderão ter daqui em diante são incertos. Uma coisa, porém, é certa: o tempo é curto, sua oportunidade de retificar erros em uma questão tão importante logo chegará ao fim. Nós vivemos em um mundo de grandes mudanças. Uma grande mudança aconteceu agora. Vocês se retiraram do meu ministério, sob o qual estiveram durante tantos anos. Porém, o tempo está chegando, e logo chegará, quando vocês passarão do tempo para a eternidade e, assim, deixarão de estar sob todos os meios da graça.

A maioria de vocês que professam piedade (para usar a frase do apóstolo) "...já nos entenderam em parte..." (2CO 1:14 NAA): até agora, vocês me reconheceram como seu pai espiritual, o instrumento para vocês do maior bem que pode ser obtido por qualquer dos filhos dos homens. Considerem o Dia de Jesus em que vocês e eu nos encontraremos perante o nosso Juiz, quando será examinado se vocês receberam de mim o tratamento devido aos filhos espirituais e se vocês me trataram como deveria ter tratado um pai espiritual.

Como aos olhos de Deus a relação de um pai natural traz grandes obrigações para com os filhos, muito mais, em muitos aspectos, a relação de um pai espiritual traz grandes obrigações para com aqueles de cuja conversão e salvação eterna eles supõem que Deus o fez instrumento: "Porque, ainda que tivésseis milhares de preceptores em Cristo, não teríeis, contudo, muitos pais; pois eu, pelo evangelho, vos gerei em Cristo Jesus" (1CO 4:15).

2. Aos que estão *sem Cristo e destituídos da graça*.

Agora que estou me despedindo deste povo, quero me dirigir às pessoas que deixo sem Cristo e destituídas da graça e apelar seriamente para que considerem aquele solene e Grande Dia em que elas e eu deveremos nos encontrar perante o Juiz do mundo.

Minha despedida de vocês é, em alguns aspectos, de maneira peculiar, uma despedida melancólica, visto que os deixo nas circunstâncias mais melancólicas, pois os deixo no fel da amargura e no vínculo da iniquidade, com a ira de Deus sobre vocês e permanecendo sob a condenação a sofrimento e destruição eternos. Visto que preciso deixá-los, teria sido uma circunstância confortável e feliz de nossa despedida eu os ter deixado em Cristo, seguros e abençoados naquele refúgio seguro e descanso glorioso dos santos. Entretanto, não é o caso. Eu os deixo a grande distância, estrangeiros e estranhos, miseráveis súditos e cativos do pecado e de Satanás e prisioneiros da justiça vingadora; "...sem Cristo [...] e sem Deus no mundo" (EF 2:12).

A consciência de vocês testifica que, enquanto tive oportunidade, não parei de os advertir e de lhes apresentar o perigo. Estudei para representar a miséria e a necessidade das suas circunstâncias da maneira mais clara possível. Tentei, de todas as maneiras que pude pensar, cuidar de despertar a sua consciência e tornar vocês cônscios da necessidade de aproveitarem o seu tempo e serem rápidos em fugir da ira vindoura e meticulosos no uso de meios para seu escape e segurança. Esforcei-me diligentemente para descobrir e usar as mais poderosas motivações no intuito de evitar que vocês cuidassem de seu próprio bem-estar e salvação. Não só me esforcei por despertá-los para que vocês pudessem ser movidos pelo temor, como também empreendi meus melhores esforços para conquistá-los: procurei palavras aceitáveis, visando que, se possível, pudesse convencê-los a abandonar o pecado, voltar-se a Deus e aceitar a Cristo como seu Salvador e Senhor. Empreguei muito minhas forças nisso. Mesmo assim, no tocante a vocês, a quem estou me dirigindo, não tive sucesso, mas hoje tenho motivo para me queixar com as palavras de Jeremias: "O fole bufa, só chumbo resulta do seu fogo; em vão continua o depurador, porque os iníquos não são separados" (JR 6:29). É de se temer que todos os meus esforços quanto a muitos de vocês não tenham servido a qualquer outro propósito senão endurecê-los, e que a palavra que preguei, em vez de ser um aroma de vida para vida, haja sido um aroma de morte para morte. Embora eu não tenha nenhuma conta a prestar, como uma confiança entregue a mim, pelo futuro daqueles que aberta e resolutamente renunciaram ao meu ministério, lembrem-se de que vocês deverão prestar contas de si mesmos, de seu cuidado com sua própria alma e de seu aproveitamento de todos os meios passados e futuros ao longo de toda a sua vida. Só Deus sabe o que acontecerá à sua pobre alma que perece, de que meios vocês desfrutarão doravante ou que desvantagens e tentações virão sobre você. Que Deus, em Sua misericórdia, conceda que, embora todos os meios passados não tenham obtido sucesso, vocês possam ter meios futuros que causem um novo efeito, e que a Palavra de Deus, da maneira como lhes será dispensada daqui em diante, possa se comprovar como o fogo e o martelo que despedaça a rocha. Todavia, permitam-me agora, ao me despedir, exortar e implorar a vocês que não se esqueçam totalmente das advertências que receberam sob o meu ministério. Quando vocês e eu nos reunirmos no Dia do Julgamento, vocês se lembrarão delas. A visão de mim, seu antigo ministro, naquela ocasião logo as reavivará em sua memória, de uma maneira muito tocante. Ó, não deixem que essa seja a primeira vez que elas serão reavivadas.

Agora, vocês e eu estamos nos separando quanto a este mundo. Esforcemo-nos para que não sejamos separados após a nossa reunião no Dia de Jesus. Se eu fui seu pastor fiel (o que aparecerá naquele dia, quer eu tenha sido ou não), serei absolvido e ascenderei com Cristo. Ó, façam a sua parte para que, em tal caso, vocês não sejam forçados a ficar eternamente separados de mim e de todos os que foram fiéis em Cristo Jesus. *Esta* agora é uma despedida dolorosa, mas *aquela* seria ainda mais dolorosa. Talvez vocês sejam capazes de suportar *esta* sem ser muito afetados se não estiverem felizes com ela, mas tal despedida *naquele* dia os afetará da maneira mais profunda, perceptível e terrível.

3. Quero me dirigir aos que estão sob alguns *despertamentos*.

Bendito seja Deus por existirem essas pessoas e por eu não as deixar em total estupidez e descuido no tocante à alma (ainda que eu tenha motivos para temer que deixo multidões desta grande congregação em um estado sem Cristo). Alguns de vocês — os quais tenho motivos para esperar que estão sob algum despertamento — fizeram-me conhecer as suas circunstâncias, o que tende a fazer com que, agora que os estou deixando, eu me despeça com uma peculiar preocupação com vocês. Qual será o resultado da sua presente mentalidade eu não sei, mas ele será sabido no Dia do Julgamento, quando vocês e eu nos reuniremos perante o tribunal de Cristo. Portanto, agora considerem muito tal ocasião.

Agora que estou me separando deste rebanho, volto a insistir com vocês nos conselhos que dei até agora: atentem para não considerar com leviandade a tão grande preocupação de serem aplicados e sérios no assunto, não se desviarem e se manterem firmes até o fim. E clamem fortemente a Deus para que essas grandes mudanças pelas quais passam esta igreja e congregação não comprovem a sua queda. Há grande tentação nelas e, sem dúvida, o diabo procurará tirar proveito delas, se possível para fazer com que suas atuais convicções e esforços sejam frustrados. Vocês precisam dobrar a sua diligência, vigiar e orar, para não serem vencidos pela tentação.

Quem quer que esteja, doravante, relacionado a vocês como seu guia espiritual, meu desejo e minha oração é que o grande Pastor das ovelhas tenha uma estima especial por vocês e seja seu guia (porque não há quem ensine como Ele) e oro Àquele que é a Fonte infinita de luz "para lhes abrires os olhos e os converteres das trevas para a luz e da potestade de Satanás para Deus, a fim de que recebam eles remissão de pecados e herança entre os que são santificados pela fé em [Cristo]" (AT 26:18), para que, naquele Grande Dia quando eu os encontrarei novamente diante do seu e do meu Juiz, possamos nos reunir em circunstâncias alegres e gloriosas, para nunca mais nos separarmos.

4. Dirijo-me aos *jovens* da congregação.
Desde que fui estabelecido na obra do ministério neste lugar, sempre tive uma preocupação peculiar pela alma dos jovens e o desejo de que a religião pudesse florescer entre eles. Eu me esforcei especialmente para isso, porque conhecia a oportunidade especial que eles tinham acima dos demais e que, comumente, aqueles de quem Deus pretendeu ter misericórdia foram levados a temê-lo e amá-lo na mocidade. E sempre me pareceu peculiarmente agradável ver os jovens trilhando os caminhos da virtude e da piedade cristã, tendo o coração purificado e tornado agradável com um princípio de amor

divino. Quão belíssimo e conducente à alegria e felicidade da cidade seria os jovens poderem ser persuadidos a, quando se reúnem, conversar como cristãos e filhos de Deus, evitando impureza, leviandade e extravagância, obedecendo estritamente às regras da virtude e conversando juntos sobre as coisas de Deus, de Cristo e do Céu! Era por isso que eu ansiava, e tem sido extremamente doloroso para mim quando ouço falar de libertinagem, vaidade e desordem entre os nossos jovens. E, até onde conheço meu próprio coração, foi por isso que, anteriormente, levei esta igreja a algumas medidas para suprimir entre eles a libertinagem que era tão ofensiva e tanto me enojava. Procurei o bem e não o mal de nossos jovens. Desejei a mais verdadeira honra e felicidade deles, não sua censura, sabendo que as verdadeiras virtude e religião cuidam não somente da glória e felicidade dos jovens na eternidade, mas de sua maior paz e prosperidade, e maior dignidade e honra neste mundo, e, acima de tudo, para adoçar e tornar agradáveis e satisfatórios os dias da mocidade. Porém, ainda que eu os tenha amado e buscado de certa forma o bem vocês, entregando agora sua alma Àquele que, um dia, confiou a mim o cuidado pastoral deles, nada resta (por estar agora me despedindo de vocês) além de rogar-lhes sinceramente — por amor a vocês mesmos, ainda que não o tenham por mim — que não desprezem nem esqueçam as advertências e os conselhos que tantas vezes lhes dei. Lembrem-se do Dia de Jesus quando vocês e eu deveremos nos reunir novamente diante do grande Juiz dos vivos e mortos, quando se revelará se as coisas que lhes ensinei eram verdadeiras, se os conselhos que dei a vocês foram bons, se realmente busquei o seu bem-estar e se vocês se aperfeiçoaram bem naquilo pelo qual me esforcei. De tempos em tempos, adverti vocês seriamente contra *divertir-se* (como chamam) e algumas outras liberdades comumente tomadas pelos jovens na Terra. E, independentemente do que alguns possam dizer para justificar tais liberdades e costumes, e de que venham a rir de advertências contra essas questões, deixo-lhes agora meu testemunho de despedida contra tais coisas, não duvidando de que Deus aprovará e confirmará isso naquele Grande Dia em que nos reuniremos diante dele.

5. Dirijo-me às *crianças* da congregação, os cordeiros deste rebanho, que estiveram sob os meus cuidados durante tanto tempo.
Acabo de dizer que tenho uma preocupação peculiar pelos jovens e, ao dizer isso, não pretendi excluir vocês, crianças. Vocês estão na juventude, e na mais tenra juventude. Por isso, me apercebi de que, se os jovens tiveram uma oportunidade preciosa para o bem de sua alma, vocês, que são muito jovens, tiveram, em muitos aspectos, uma oportunidade peculiarmente preciosa. Consequentemente, não negligenciei vocês. Esforcei-me em desempenhar o papel de um pastor fiel, alimentando tanto os cordeiros quanto as ovelhas. Certo dia, Cristo confiou o cuidado da alma de vocês a mim como seu ministro. Vocês sabem, queridas crianças, como eu as instruí e as adverti de tempos em tempos. Sabem como, frequentemente, as chamei para esse fim, e algumas de vocês, às vezes, pareciam ser tocadas pelo que eu lhes ensinava. Porém, temo que isso não teve efeito salvador para muitas de vocês, e sim que vocês ainda permanecem em uma condição não-convertida, sem que uma real obra salvadora tenha agido

em sua alma convencendo-a totalmente de seu pecado e miséria, fazendo-a enxergar o grande mal do pecado, lamentá-lo e odiá-lo acima de todas as coisas, dando-lhe uma percepção da excelência do Senhor Jesus Cristo, levando vocês a, de todo o seu coração, apegar-se a Ele como seu Salvador, afastando seu coração do mundo e fazendo com que vocês amem a Deus acima de tudo e tenham mais deleite na santidade do que em todas as coisas agradáveis desta Terra. E, agora, preciso deixá-las em um estado miserável, sem interesse por Cristo e, portanto, sob os terríveis desagrado e ira de Deus, e correndo o risco de descer ao abismo do sofrimento eterno. Agora, preciso me despedir de vocês. Preciso deixá-las nas mãos de Deus. Nada mais posso fazer por vocês além de orar. Desejo apenas que não se esqueçam, mas que pensem frequentemente nos conselhos que lhes dei, nas advertências que lhes fiz e nos esforços que empreendi, para que sua alma seja salva da destruição eterna. Queridas crianças, eu as deixo em um mundo mau, cheio de armadilhas e tentações. Só Deus sabe o que será de vocês. As Escrituras nos dizem que poucos são salvos, e temos abundante confirmação disso pelo que vemos. Vemos que as crianças morrem tanto quanto os adultos. Multidões morrem antes de crescer e, dos que crescem, comparativamente poucos dão boas provas de conversão salvadora a Deus. Eu oro para que Deus tenha misericórdia de vocês, cuide de vocês e lhes providencie os melhores meios para o bem de sua alma. Rogo que o próprio Deus se encarregue de ser o Pai celestial e o poderoso Redentor de sua alma imortal. Não deixem de orar por si mesmas. Cuidem de não fazer parte daqueles que lançam fora o temor e retêm a oração diante de Deus. Orem constantemente a Deus em secreto e lembrem-se frequentemente daquele Grande Dia quando vocês terão de comparecer perante o tribunal de Cristo e encontrar ali o seu ministro que tantas vezes as aconselhou e as advertiu.

"O coração de todos os santos do Céu está inflamado com amor divino, que os influencia continuamente a louvar a Deus."